Jacques Attali
Brüderlichkeit

Jacques Attali

Brüderlichkeit

Eine notwendige Utopie im Zeitalter der Globalisierung

Aus dem Französischen von Herta Luise Ott
Mit einem Nachwort von Gerald Häfner

Verlag Freies Geistesleben

Die französische Originalausgabe erschien 1999 unter dem Titel *Fraternités. Une nouvelle utopie* bei Fayard, Paris (2. Auflage 2000).

1. Auflage 2003
Verlag Freies Geistesleben
Landhausstraße 82, 70190 Stuttgart

ISBN 3-7725-2235-1

Einbandfotos: Wolfgang Schmidt, Ammerbuch
Typografie: Thomas Neuerer, Stuttgart
Druck: Bercker Graphischer Betrieb, Kevelaer

Inhalt

Vorwort zur deutschen Ausgabe

Mit viel Freude und Stolz nehme ich die Ausgabe von *Fraternités* in deutscher Sprache zur Kenntnis. Seit dem Erscheinen des Buches auf Französisch sind Utopien wieder sehr aktuell geworden. Jeder weiß heute besser denn je, dass man sich nicht damit zufrieden geben kann, plan- und programmlos in den Tag hinein zu leben. Dass man nicht an die Reduzierung der Welt auf eine Verallgemeinerung des westlichen Modells glauben kann – wie es sich nach dem Fall der Berliner Mauer aufgedrängt hat. Es ist offensichtlich geworden, dass andere Wünsche und Bestrebungen zufrieden gestellt werden müssen. Dass der Mensch ein Absolutes braucht, welches durch unmittelbaren materiellen Wohlstand nicht ersetzbar ist.

Durch die Ereignisse des 11. September ist auch klar geworden, dass die Ewigkeit für einige die einzige realistische Utopie war und dass die Zerstörung der Utopie der Anderen für sie eine Möglichkeit darstellte, die ihre zu erreichen. Die Welt kann auf Dauer nicht ohne einen Traum leben. Wenn sie sich nicht sehr bald Projekte vorgibt, die Menschen mobilisieren können, werden ihr extremistische Bewegungen Albträume bereiten.

Viele Utopien ließen sich heute verwirklichen. Einige sind in unmittelbarer Reichweite, wie jene, welche den Aufbau Europas betreffen: aus Europa eine seriöse politische Einheit zu machen, die eine effiziente und autonome diplomatische und politische Rolle in der Welt spielt. Wäre dies zu Beginn des Jahres 2003 der Fall gewesen, dann hätte sich die Situation im Irak anders entwickelt. Andere Utopien sind anscheinend weit entrückt, wie die einer Weltregierung oder einer wirksamen Bekämpfung der Armut. Aber in Wahrheit liegt ihre Verwirklichung näher als man glaubt, wenn wir ernsthaft wollen, dass die Menschheit überlebt. Anschauliche Beispiele für das, was beim Aufbau der ethischen Wirtschaft geschieht, geben bestimmte Mechanismen der Mikrofinanz, Organisationen, deren Ziel das Teilen ist.

Die anspruchsvollsten Utopien aber sind jene, die sich auf das Individuum beziehen und deren Gelingen die Voraussetzung für jede andere Utopie darstellt: Bevor man den Wunsch empfindet, eine Gesellschaft zu schaffen, die es ermöglicht, in einem Idealzustand mit den Anderen zu leben, bevor man das Glück der Anderen lobpreisen kann, wie ich es nachfolgend tue, müssen die Bedingungen dafür geschaffen werden, dass jeder gerne in Frieden mit sich selber lebt. Sich selber ertragen, seine gewalttätigen Regungen kontrollieren, einen heiligen Krieg gegen seine eigene Intoleranz führen, lernen, sich selber zu lieben, die Anderen zu verstehen, ihre Präsenz zu tolerieren – das ist die anspruchsvollste Utopie, jene, deren Verwirklichung die Verwirklichung aller anderen bedingt.

Die deutsche Philosophie beschäftigt sich seit langer Zeit mit diesen Themen. Viel wurde von den großen deutschen Meisterdenkern über die Art und Weise der Gestaltung der Beziehung zum Anderen in der Entdeckung seiner selbst geschrieben. Viel ist gesagt worden über den Anderen als denjenigen, der einem das Selbst enthüllt, als Begleiter und

Führer auf der Suche nach der eigenen Identität. Und über die Bedingungen zur Beherrschung der Triebe.

Zu einer Reise durch diese diversen Formen unseres Ideals lade ich Sie ein. Damit wir danach gemeinsam ein neues Kapitel darüber schreiben können.

Jacques Attali

«Wenn die Leidenschaft den Menschen fortreißt, folgt die Vernunft ihm weinend und warnt ihn vor der Gefahr; aber sobald der Mensch die Stimme der Vernunft hört und innehält, sobald er sich sagt: Es ist wahr, ich bin verrückt; wo wollte ich hin?, ruft ihm die Leidenschaft zu: Und ich, ich soll also sterben?»

Alfred de Musset,
Bekenntnis eines jungen Zeitgenossen[1]

Kapitel I

Goldrausch

> «Ihr werdet den Blick über euren weiten Horizont wandern lassen, wo vom menschlichen Kornfeld keine Ähre über die andere hinausragt, sondern nur Kornblumen und Margeriten zwischen dem goldenen Getreide stehen.»

Die Zeit der langen Fristen, der endlos durchdachten Projekte ist vorbei, unsere Zeit ist dem Unerwarteten vorbehalten, dem absolut Neuen, Reversiblen, Kapriziösen, Sofortigen, Prekären, dem individualistischen Egoismus, bis hin zum autistischen Zynismus.

Ich, Alles, Überall, Sofort. – Dies ist die Kunst der Zeit.

Ich, weil man nur mehr für sich leben möchte, ohne Rücksicht auf etwaige Bindungen an die gegenwärtigen, vergangenen und zukünftigen Generationen oder Pflichten ihnen gegenüber.

Alles, weil man sich nicht mehr zwischen widersprüchlichen Wünschen entscheiden möchte und keinen Grund dafür sieht, sie nicht alle zu befriedigen – gleichzeitig oder nacheinander. Das *Und* trägt über das *Oder* den Sieg davon.

Überall, weil Vergnügungen immer nomadischer werden: reisen, sich zerstreuen, ohne Grenzen leben, mit ausschließlich transportablem Besitz, vor allem Kapital, dem nomadischen Objekt par excellence.

Sofort, weil warten, sich anstrengen, sparen, etwas weitergeben zu anrüchigen Vokabeln werden.

Diese Ideologie erfreut sich heute hoher Beliebtheit – sowohl bei der westlichen Elite als auch bei all jenen, die andernorts, von New Delhi bis nach Peking, von Santiago bis nach Moskau, ihr Glück in der Imitation dieses Vorbilds zu finden glauben. Solange sie dominiert, wird das einzige utopische Projekt aller Nationen und aller sozialen Gruppen darin bestehen, sich ihrerseits im Zuge der Globalisierung der Märkte unter mehr oder weniger reichen, freien und eroberungslustigen Nomaden einen Platz erkämpfen zu wollen. Und um diese Abenteuer zu einem guten Ende zu bringen, treten Entdecker einer anderen Neuen Welt auf den Plan, Goldsucher der Zukunft. Insofern ist also nichts Neues unter der Sonne zu vermelden: angesichts eines neuen Eldorado profilieren sich neue Kolumbusse.

Die nomadische Globalisierung

Und siehe da: Ein globalisierter, grenzenlos wachsender Kapitalismus zieht ein, ohne Arbeitslosigkeit, ohne Inflation – mit uneingeschränkten Möglichkeiten für alle.

Die neuen Informationstechnologien versprechen auch für die Zukunft beachtliche Fortschritte bei den Speicherungs- und Übertragungsmöglichkeiten für Informationen, die zur Vermarktung immer winzigerer nomadischer Objekte führen werden: unterschiedliche Kombinationen aus Fernseher, Computer und Telefon – für Kommunikation, Konsum, Arbeit, Weiterbildung, Zeitvertreib, Fortbewegung, Gesundheits- bzw. Krankenpflege ... Man wird da nicht einmal mehr auf flache Bildschirme schauen müssen, sondern in ein virtuelles dreidimensionales Universum eintauchen, in eine erweiterte virtuelle Realität.

Für jene, die in dieser Welt leben werden, wird Arbeit immer weniger Mühe bedeuten und schrittweise in Spielen und sogar in kreatives Tun übergehen. Es wird möglich sein, sich seinen Wohnort unabhängig von dem Ort auszusuchen, an dem man arbeitet, konsumiert oder sich zerstreut.

In den hochindustrialisierten Ländern wird man von einer Lohnwirtschaft zu einer Vermögenswirtschaft überwechseln, in der jeder als nomadischer und nicht mehr fest angestellter Erwerbstätiger den Großteil seiner Einkünfte nicht mehr über ein Gehalt, sondern über die Mehrwerte eines Aktienportefeuilles der Firmen, für die er arbeitet, beziehen wird.

In den Grundlagenbereichen (Erdöl-, Automobil-, Finanz-, Versicherungs- und Stahlsektor, Pharma- und Papierindustrie) wird es nur mehr vier oder fünf Weltunternehmen geben, die viel größer sein werden als die derzeit bedeutendsten Firmen. Ihre Besitzer werden über den ganzen Globus verstreute und in weltumspannenden Pensionsfonds zusammengekoppelte Aktionäre sein.

Warenvielfalt

Entgegen diesbezüglichen Vorurteilen wird mit der Globalisierung keine Uniformisierung einhergehen. Ganz im Gegenteil, die *Globalisierung des Marktes* wird zu einem *Marktpluralismus* überleiten. Auch bei weltumspannender Reichweite werden die Firmen ihre Produkte breit fächern – je nach kulturbedingtem Geschmack ihrer Kunden – und in manchen Fällen ihren universalen Charakter sogar hinter lokalen Unternehmenskonföderationen tarnen und dabei über das Mischen von Kulturen und Erwartungen ständig neue Vielfalten schaffen.

Solche Warenvielfalten gibt es schon. Bei den Sprachen beispielsweise, aber auch in der Musik und in der Kochkunst. Entgegen allen bis vor kurzem noch als opportun geltenden Ankündigungen ist das Englische weit davon entfernt, sich bei Arbeit und Freizeit durchzusetzen;* eines Tages werden die Fortschritte beim automatisierten Übersetzen sogar allen

* In Wirklichkeit bastelt sich jeder ein persönliches Esperanto auf Basis von überwiegend englischen Wörtern, das aber durch Beiträge und Übertragungen aus lokalen, beruflichen, technischen Kulturen etc. verfälscht und angereichert wird. Vergleichbar dem kolonialen französischen Kauderwelsch zu Zeiten, als Frankreich eine imperiale Macht war.

heute vom Aussterben bedrohten Sprachen wieder neues Leben einhauchen. In der Musik sind wir von einer Entwicklung in Richtung auf eine amerikanische Uniformisierung hin weit entfernt – wir erleben die Erfindung neuer Richtungen durch Mischung von Rhythmen, Melodien, Instrumenten, Worten aus unterschiedlichen Kulturen. In Bezug auf die Kochkunst verläuft die Entwicklung identisch. Sie äußert sich in einer Art virtuellen Nomadentums. Jeder begibt sich auf kulinarische Reisen: über den Konsum der Küche der Andern und die Mischung von Rezepten, Zutaten und Würzen aller Kontinente. Wenn es eine universelle Speise gibt, dann ist das nicht der Hamburger, sondern doch wohl die Pizza, und zwar gerade deshalb, weil sie sich auf eine gemeinsame Basis beschränkt – den Teig –, auf dem jeder sein Anderssein ausbreiten, konstruieren und zum Ausdruck bringen kann.

Räumliche Ausdehnung des Marktes

Alles verläuft so, als ob der Markt ein lebendes Wesen wäre, das resolut entschlossen ist, die Grenzen, die man ihm vorgibt, nicht einzuhalten, egal ob es sich um räumliche Grenzen handelt oder um Grenzen in Bezug auf die Mannigfaltigkeit der Objekte und Dienstleistungen, die dort getauscht werden.

Kein einziges Land wird dem widerstehen, der Iran nicht besser als China. Auch kein Unternehmen, weder Familien- noch Staatsbetrieb. Wir werden von einem unbeweglichen, ortsgebundenen, undurchschaubaren Familien- oder Staatsbesitz übergehen zu einem allen auf dem Markt zugänglichen, freien, transparenten, vagabundierenden Besitz.

Zahlreiche Güter und Dienstleistungen, mit denen heute individuell in gegenseitigem Einvernehmen gehandelt wird, werden bald auf einem Markt vielen gleichzeitig zugänglich sein. Zum Beispiel wird man, statt ein Haus seinem Besitzer abzukaufen, Hypothekenanteile erwerben; statt sich durch Prämienzahlungen gegen Risiken zu versichern, wird man Anteile erwerben, die den erwarteten Wert im Schadensfall repräsentieren; statt Kredite zur Finanzierung seines Studiums aufzunehmen, wird der Student auf dem Markt ein Wertpapier ausgeben, das seinen Hoffnungen auf künftige Verdienste entspricht.

Es wird in Zukunft Länder geben – es gibt sie schon –, die die Einhebung ihrer Steuern oder Zollgebühren privaten Subunternehmen übertragen. Wenn die WTO die von ihr geplante allgemeine Liberalisierung bis zur letzten Konsequenz durchführt, werden eines Tages Unternehmen Privatjustiz-Dienstleistungen verkaufen – zuerst an andere Unternehmen, dann an Einzelpersonen, mit dem Versprechen, ihre Zwiste schneller und billiger zu schlichten, als es die staatlichen Justizapparate tun. Zu einem späteren Zeitpunkt – doch die Geschichte des Söldner- und des Janitscharentums ist ja schon genauso alt wie die der menschlichen Gesellschaften – wird der Markt sogar Privatarmeen für Privatkriege aufnehmen, welche wiederum in Privatverträge münden werden. Geht der Prozess weiter, dann werden gewisse Länder sogar absolut keinen Grund mehr für die Beibehaltung einer nationalen Währung haben – dies ist im Übrigen schon hie und da der Fall. Andere werden es für opportun und vernünftig halten, ihre Pässe zu versteigern oder sie an der Börse zu notieren, neben Organen und Genen.

Dafür werden sich private Gebilde gegenseitig mit allen Attributen der Souveränität ausstatten (mit einer Währung, einem Justiz- und Polizeisystem, einer Privatarmee) und ein Territorium, eine Stadt oder ein Unternehmen verteidigen. Solche Organisationen werden schon jetzt im Dienste der großen kriminellen Formationen aufgebaut; eines Tages wird das auch für legale Unternehmen Geltung haben, und sie werden vor keiner staatlichen oder sonstigen Macht mehr Rechenschaft ablegen. Schon jetzt beginnt man mit der Schaffung und dem In-Umlauf-Setzen privater Währungen.

Weiß und Schwarz

Durch die Generalisierung der Märkte bedingt werden die illegalen und kriminellen Wirtschaften sich auf neue Sektoren ausbreiten, das virtuelle Universum überschwemmen und verbotene Dienstleistungen in Zukunft weltweit mit viel weniger Risiken verbunden anbieten: Glücksspiel, Veruntreuung von Geldern, käufliche Sexualität, Drogen, virtuelle Reisen werden über unkontrollierbare Kommunikationskanäle angeboten werden – das geschieht bereits. Diese Aktivitäten werden florieren und rund um Staaten organisiert werden, die man mittels ihrer in der Karibik, in Lateinamerika, in Afrika oder in Osteuropa unter Kontrolle gebracht haben wird, und sie werden sich dort über virtuelle Labyrinthe immer mehr in die legale Wirtschaft einschleusen.

Das letzte Mittel der Staaten, solche Aktivitäten in Schranken zu halten, wird darin bestehen, Drogen, Prostitution oder Glücksspiele zu legalisieren und dem Markt die Aufgabe der Festlegung des Preises für diese Güter und Dienstleistungen zu überlassen, wobei sie die Konsumenten zu Eigenverantwortung verpflichten werden und die Versicherungen zur Bestrafung jener, die solche Risiken auf sich nehmen.

Geopolitik der Globalisierung

Die wahrscheinliche Generalisierung des Marktes könnte eine vollständige geopolitische Umorganisierung des Planeten mit sich bringen.

Durch eine erhebliche Schwächung der Staatsapparate und eine Reduzierung von deren Fähigkeit zur Einhebung der Steuern dürfte sie zur Schaffung von gewaltigen ökonomischen Zusammenschlüssen auf kontinentaler Ebene führen – nach dem Modell des nordamerikanischen Freihandelsabkommens (NAFTA).

Bei vollständiger Umsetzung dieses Szenarios wird es zu einer unbestreitbaren Allmacht der USA kommen. Man wird in ihnen die Versuchsstation für alle Innovationen sehen, die Vorhut aller Goldsucherschwärme, eine Art idealer Gesellschaft, deren Regeln und Erfolge jedermann reproduzieren möchte. Sie werden die Weltherrschaft des Marktes durch die Extraterritorialiät ihrer eigenen Gesetze sichern, durch die Stärke ihrer Unternehmen und ihrer Kommunikationstechnologien und vermittelt über internationale Finanzinstitutionen, die sie bereits jetzt kontrollieren. Jeder wird nur eine Angst kennen: die vor einem amerikanischen Rückzug, der den Rest des Planeten seinen mittelalterlichen Dämonen überlässt.

Wissenschaft für den Markt

Die Geschichte lehrt, dass eine Phase starken Wachstums einsetzt, wenn durch wissenschaftliche Fortschritte bedingt neue Nachfragen auf dem Markt befriedigt werden können. Dies ist auch heute wieder der Fall: die Globalisierung der Märkte verlangt nach revolutionären Neuerungen in der Wissenschaft und sie gewinnt durch diese an Stärke.

Die neuen Informationstechnologien haben bereits Währungs- und Warenfluss sowie Personenbewegungen vereinfacht. Dank dem technischen Fortschritt werden sie eine erhebliche Steigerung der Arbeitsproduktivität ermöglichen, eine sehr große Zahl von Dienstleistungen in Marktobjekte verwandeln sowie einen allgemeinen und wachsenden Appetit auf Individualismus und zerstreuenden Zeitvertreib befriedigen.

Innerhalb eines Jahrhunderts werden Wissenschaft und Markt, indem sie sich wechselseitig Nahrung geben, die Lebensweisen viel stärker verändern, als es innerhalb eines Jahrtausends der Fall war. Viele heute noch unvorstellbare Dinge, wie zum Beispiel die Gedankenübertragung, die konkrete Verwirklichung von Fantasien, die dreidimensionale Kommunikation, die Reproduktion von Empfindungen, die an den Tast- und Geruchssinn gebunden sind, werden zuerst einmal wissenschaftlich möglich und dann auf den Markt gebracht werden. Die genaue Kenntnis des Gehirns wird Schmerzreduktion erlauben, die Kontrolle von Gefühlen wie auch die Förderung von Lust. Aus all dem wird man Lebens- und Wissensprothesen verfertigen. Man wird virtuelle, mit einem Tastsinn ausgestattete Klone für die unangenehmen Arbeiten und als Spiel- und Lebensgefährten verwenden.

Die maßgeblichen wissenschaftlichen, wirtschaftlichen und kulturellen Umwälzungen aber wird in erster Linie die Genetik herbeiführen. Sie wird zuerst einen gewaltigen Umbruch im Agrarbereich bewirken, der sich auf diese Weise zu einem wahrhaft industriellen Sektor entwickeln wird. Schon heute ermöglichen die Informationstechnologien die genaue Kenntnis und die entsprechende Bebauung von jedem Quadratmeter Land auf spezifische Art, die Überwachung eines landwirtschaftlichen Produkts von der Aussaat bis zum Teller des Konsumenten, eine Herkunftsgarantie für jedes Nahrungsmittel. Bald werden weitere Fortschritte das Saatgut in Industrieprodukte verwandeln; vor Mitte dieses Jahrhunderts werden sie widerstandsfähiger gegen Herbizide und Insekten sein; sie werden unter widrigen klimatischen Bedingungen gedeihen können (bei größerer Hitze oder Kälte, mit geringerer Bewässerung, auch bei Salzgehalt des Wassers); später wird man ihre Farben verändern können, ihren Protein- oder Vitamingehalt erhöhen, Medikamente in sie integrieren, Organismen mit umweltreinigenden Funktionen, aktive Heilpflanzenmoleküle oder einfach nur das für eine erwünschte Mutation erforderliche Gen, die Gene mehrerer Pflanzenarten oder sogar von Tier- und Pflanzenarten mischen.

Diese Techniken werden eine Senkung der Reifedauer von Baumwolle und Mais gestatten, womit mehrere Ernten im Jahre möglich werden, den Anbau von Produkten aus den gemäßigten Zonen in einem tropischen Klima, die Bewirtschaftung von Wüstenregionen, die Senkung von Transport- und Lagerverlusten, die Verbesserung der Herstellungsbedingungen für den Papierbrei, einen besseren Schutz der Wälder, die Einschränkung des Gebrauchs von Düngemitteln und Pestiziden, die Verlangsamung der Bodenerosion, die Erhöhung von Quantität und Qualität der zur Verfügung stehenden Nahrung.

Die geopolitischen Konsequenzen dieser Fortschritte werden beachtlich sein: die Wissenschaft könnte durch die Reduktion der Risiken hinsichtlich Wasser- und Nahrungsknappheit zur Erschließung von Afrika beitragen, zum landwirtschaftlichen Gleichgewicht Chinas, die Besiedelung der Sahara, Australiens, Sibiriens ermöglichen und sogar ein starkes Wachstum der Weltbevölkerung möglich und zumutbar machen. Sie würde auf diese Weise eine geordnete Beherrschung des Globalisierungsprozesses erlauben.

Lange vor dem Ende dieses Jahrhunderts wird die Kenntnis des menschlichen Genoms das Verhältnis zum Körper, zum Leiden noch stärker verändern und zur Umorganisierung des gesamten Gesundheitsbereichs führen. Schon jetzt ermöglicht es die Informatik, die Erzeugung von künstlichen Organen und Prothesen zu programmieren. Früher oder später wird die Genetik völlig neue Medikamente hervorbringen, mit der Fähigkeit, Proteine oder Gene zu blockieren oder zu aktivieren, die an der Entstehung oder Verhinderung einer Krankheit beteiligt sind. Es wird möglich werden, ein Durchschnittsalter von weit über hundert Jahren zu erreichen, schmerzfrei und ohne bemerkenswertes Nachlassen von körperlichen und geistigen Kapazitäten.

Dies alles ist nur mehr eine Frage der Zeit. Der Genomik ist vor kurzem die fast vollständige Identifizierung des über 30 000 Gene umfassenden menschlichen Genoms gelungen. Die Funktionen von über 6000 Menschengenen sind inzwischen bekannt. Im Jahre 2020 werden die für die fünfzig schwersten Gesundheitsschäden verantwortlichen Proteine und Gene identifiziert sein. Im Jahre 2040 wird man den Großteil der diese Krankheiten bekämpfenden Medikamente entwickelt haben.

Man wird dank der Analyse des Genoms des Embryos jeweils im Voraus die Wahrscheinlichkeit kennen, nach der eine bestimmte Person eines Tages an gewissen Krankheiten leiden wird, die Wahrscheinlichkeit des Auftretens von Dickleibigkeit, einer Leberkrebserkrankung, einer Depression oder der Parkinsonschen Krankheit. Wenn man noch weiter geht, wird man Gene entdecken, die für Veranlagungen zu Gewalttätigkeit verantwortlich sind, und sie dann eliminieren – und umgekehrt den Altruismus fördernde Gene stimulieren. Es wird durch Klonen möglich sein, das Überleben der vom Aussterben bedrohten Tierarten zu sichern sowie die Reproduktion von Arten zu ermöglichen, die besser als andere für die Ernährung oder die Freizeitgestaltung geeignet sind – und man wird Organreserven für künftige Transplantationen anlegen können.

Die Menschheit wird auf diese Weise in einer derzeit noch hypothetischen Zukunft wählen können, in welche Richtung sie sich selber auf körperlicher und ethischer Ebene verbessern will.

Viel später werden die Nanotechnologien, der Punkt, an dem die Genetik und die Informationstechnologien zusammenlaufen, mit Hilfe von künstlichen Matrices ein real existierendes oder imaginäres Objekt reproduzieren können. Es wird dann praktisch alles mit null Kostenaufwand produziert werden können. Die Güterknappheit wird verschwinden und mit ihr die Erfordernis einer Währung, des Marktes und jeglicher Art von kollektivem Zwang.

Der Markt wird auf diese Weise die Vorbedingungen für sein eigenes Verschwinden geschaffen haben.

Kapitel II

Die Kehrseite

«Weshalb die Reichen sich sagten: Es gibt nichts Wahres außer dem Reichtum, alles andere ist Traum; wir wollen genießen und sterben. Die ein durchschnittliches Vermögen hatten, sagten sich: Es gibt nichts Wahres außer dem Vergessen, alles andere ist Traum; wir wollen vergessen und sterben. Und die Armen sagten sich: Es gibt nichts Wahres außer dem Unglück, alles andere ist Traum; wir wollen Gott lästern und sterben.»

Eine These, die derzeit Furore macht, besagt, dass die Globalisierung des Marktes die Globalisierung der Demokratie nach sich ziehen wird. In der Tat lehrt uns die Geschichte, dass sich beide gegenseitig am Leben erhalten: Der Markt braucht die Demokratie, um sich durchzusetzen, die Demokratie braucht den Markt, um sich weiterzuentwickeln; beide werden gestärkt durch die Transparenz, welche die neuen Kommunikationsmittel erzwingen.

Seit einem Jahrhundert ist die Anzahl der Demokratien proportional beträchtlich gestiegen. Und die letzten Diktaturen der westlichen Welt wurden gestürzt, hinweggerafft vom Fortschritt der Konsumgesellschaft – zuerst in Spanien und Griechenland, dann in Lateinamerika und schließlich, als die Jugend Osteuropas ihre Angst verlor und den Weg freigemacht hat für das Ende des Kommunismus. Was den letzten europäischen Diktator angeht, der sich noch an der Macht hielt – in Jugoslawien – so blieb ihm nichts anderes übrig, als sich ins Gefängnis bringen zu lassen oder sein Volk auf Dauer dort einzusperren, sein Volk, dem der Westen so lange jegliche Unterstützung verwehrte, als er sich an der Macht hielt.

In nächster Zukunft wird die Jugend der islamischen Länder an der Reihe sein und die dortigen totalitären Regimes ins Wanken bringen. In Indonesien haben die Studenten bereits an einer Diktatur gerüttelt, in Algerien besiegt der heroische Widerstand eines Volkes, vor allem seiner Frauen und Mädchen, gerade den extremistischen Wahnsinn. Vergleichbares spielt sich auch im Herzen der wichtigsten islamischen Theokratie ab, im Iran. Ich bin davon überzeugt, dass die eiserne Klammer des Integrismus vom Maghreb bis zum Iran, von Pakistan bis Bangladesch, von Syrien bis zum Irak, von Ägypten bis Indonesien den Wunsch der islamischen Jugend nach Demokratie und Konsum früher oder später nicht mehr wird niederhalten können. Bald wird ein ganzes Stück der Welt sich der Moderne öffnen, eine unermesslich große Kultur wird wieder zu einer Quelle des Friedens werden und einen Beitrag zum Fortschritt der Welt leisten.

In China und Afrika werden in weniger als fünfzehn Jahren die Fortschritte des Marktes auch die Konsumenten dazu drängen, sich in der Politik nicht mehr mit der Einheitswahl zufrieden zu geben, der sie in der Wirtschaft jetzt gerade allmählich entkommen.

Eine Schlussfolgerung daraus, so manche, wäre, dass die Entwicklung ein derartiges Niveau erreichen wird, dass alle Marktdemokratien sich selber am Leben erhalten sollten, sobald der circulus vertuosus der wirtschaftlichen und politischen Liberalisierung solchermaßen in Bewegung gesetzt ist. Dann käme der Zeitpunkt, wo jegliche andere Regierungsform genauso anachronistisch wäre, wie es heute die erblichen Theokratien oder die Kannibalenreiche sind. Die Globalisierung der Märkte hätte jene der Demokratien nach sich gezogen.

Allerdings wird meines Erachtens leider nichts von all dem geschehen: dieses «Ende der Geschichte» wird ebenso wenig stattfinden wie jenes, das Hegel nach Napoleons Sieg bei Jena angekündigt hatte. Einerseits, weil Elend, Arbeitslosigkeit und Unterbeschäftigung der qualifizierten Arbeitskräfte noch lange Zeit die besten Verbündeten von Obskurantismus und Diktatur bleiben werden. Andererseits, weil die Demokratie durch das Wuchern der Märkte, die die Globalisierung zu ihrem Profit organisieren, über den Haufen geworfen, zerstückelt, erstickt werden wird. Auf die Diktatur der Tyrannen wird die Diktatur des Marktes folgen – sie tut es bereits.

Erstickung der Demokratien

Als Erstes *bricht der Markt die Grenzen auf.* Damit er funktionieren kann, muss er sich ausdehnen, sein eigenes Wachstum organisieren, sich neue Räume eröffnen; während die Demokratie im Gegensatz dazu das Territorium verteidigen muss, auf dem sie angewendet wird. Außerdem lenkt der Markt, indem er die Grenzen umstößt, die Ressourcen in die Länder mit der vorteilhaftesten Steuergesetzgebung und zwingt die Nationen zu einer Wirtschaftspolitik, die mit seinen Forderungen konform geht, wobei sie die Kontrolle über ihre Wechselkurse, ihre Steuereinkünfte, ihre Handelsbilanzen und ihre Sozialpolitik verlieren.

Früher oder später, wenn der überwiegende Teil der großen Unternehmen unter die Kontrolle einiger weltweit agierender Gruppen geraten sein wird, werden die Regierungen das Recht verlieren, öffentliche Dienste aufrechtzuerhalten. Zum Beispiel werden Kliniken, Universitäten, Schulen, Filmproduzenten, Verleger und Fernsehnetze gleich behandelt werden müssen, ohne Ansehen der Staatsangehörigkeit ihrer Besitzer oder der Sprache und der Kultur, die sie vermitteln.

Wenn ein Land durch Praktizieren einer unabhängigen Steuerpolitik oder durch Verweigerung von Subventionen an Schulen, die sich in fremdem Besitz befinden, Anspruch auf die Aufrechterhaltung seiner Autonomie erhöbe, würde der Markt es prompt mit einer Quarantäne belegen, und es würde sofort durch Kapitalbewegungen bestraft werden: *Die Globalisierung der Kapitalien sichert den Sieg des Marktes über jegliche Demokratie.*

Reversibilität, Zerbrechlichkeit

Das gemeinsame Prinzip von Markt und Demokratie besteht darin, dass sie die Freiheit der Wahl in alle Bereiche einführen: politische Programme, Kandidaten, Konsumobjekte, Arbeitsformen für den Unternehmer ebenso wie für den Arbeitnehmer. Eine jedenfalls formale Freiheit, die die Wettbewerber dazu treibt, ihren Klienten ständig Neues anzubieten, seien sie nun Konsumenten oder Wähler: das Neue wird zu einem Qualitätskriterium. Über die Freiheit wird dann immer mehr unter Zeitnot entschieden, und hohe Geschwindigkeit wird zur Regel. Diese Unsicherheit wird *ipso facto* die politischen Verhältnisse, die sozialen Beziehungen, die beruflichen Erfahrungen, die Liebesbeziehungen immer anfälliger machen – zum Schaden der Schwächsten; *in erster Linie zum Schaden der Kinder.* Schon jetzt werden in den armen Ländern Dutzende Millionen von Kindern im Alter von zehn Jahren zu Erwachsenen erklärt.

In den reichen Ländern wird das Kind ein Symbol der Freiheit und des Neuen bleiben, ein Kriterium des Schönen; es wird weiterhin auf den Konsum steuernd einwirken, den Erfolg von Filmen und von Musikstücken bestimmen, Fernsehprogramme und Themen der Werbung beeinflussen, die Erwachsenen in der Bedienung der neuen Maschinen unterweisen. Vom Konsumenten wird es zu einem Konsumprodukt mutieren. Man wird eines Tages jedem Elternteil vorschlagen können, sich ein einziges oder mehrere Kinder mit bestimmten Eigenschaften auszuwählen, von denen sie sich manchmal nur aufgrund einer Laune trennen werden, lange vor der Beendigung ihrer Erziehung.

Alles in allem wird die Globalisierung die Kinder vorzeitig altern lassen. Sie werden immer mehr um ihre Kindheit gebracht werden, um diesen einmaligen Augenblick, in dem es jedem menschlichen Wesen freisteht, sich vorläufig unverantwortlich zu fühlen, von jemandem beschützt, der für es Sorge trägt, ihm Geschichten erzählt, es mit Zärtlichkeit überhäuft und ihn gleichzeitig eine Moral und die Grenzen der Freiheit lehrt.

Zeitvertreib und Reisen

Keine Zivilisation ist von Dauer, wenn sie nicht imstande ist, der Anstrengung einen Sinn zu verleihen, das Verstreichen der Zeit zu rechtfertigen. Die auf Kurzfristigkeit hin orientierte Marktdemokratie, die zwischen dem Reversiblen und dem Prekären hin- und hergeworfen wird, ist dazu immer weniger in der Lage. Um das zu maskieren, ist sie es sich schuldig, ihren Mitgliedern eine Möglichkeit anzubieten, wie sie dem Nachdenken über das Fehlen von Sinn entkommen können, ein ideales Stellvertreterleben – kurz, einen Zeitvertreib. *Markt und Zeitvertreib*: dies ist die Devise der Globalisierung. Um effizient zu sein, muss sie ständig sensationeller, emotionaler, melodramatischer, undifferenzierter werden, ein Trost für «das abscheuliche Meer der ziellosen Tat», von dem bereits Alfred de Musset sprach, und Grundlage der Ästhetik: denn Kunst entsteht oft aus Zeitvertreib, wenn dieser in eine Suche nach Schönheit abzweigt.

Bunker der Reichen

Der steigende Einfluss des Marktes auf die Demokratie wird die Aufrechterhaltung der Solidaritätsmechanismen immer mehr erschweren. Markt und Demokratie sind tatsächlich zwei kollektive Entscheidungsprozesse mit potenziell entgegengesetzten Ergebnissen. Für Ersteren ist das soziale Optimum erreicht, wenn jeder sich egoistisch verhält. Für Zweitere ist die kollektive Situation ideal, wenn die Minderheit es akzeptiert, sich der Entscheidung der Mehrheit zu unterwerfen. Anders gesagt, *der Markt bestraft die armen Minderheiten, während die Demokratie die reichen Minderheiten bestraft*.

Wenn die Regel der Demokratie gilt, können die durch eine Entscheidung benachteiligten Minderheiten darauf hoffen, dass sie durch ihre Argumente einen Teil der Mehrheit für ihre Positionen gewinnen und sich später werden durchsetzen können; sie sind also zumindest durch die Aussicht auf einen Wechsel gegen jeglichen Exzess abgesichert. Aber wenn die Ideologie des Marktes die reichen und ungeduldigen Minderheiten dazu anstiftet, nicht mehr auf die Rückgewinnung der Mehrheit zu warten und nicht das Glück der Mehrheit und die Aufrechterhaltung der demokratischen Institutionen vor ihre eigenen Interessen zu stellen, dann könnten sie dafür eintreten, den weniger begünstigten Mehrheiten deren Verwaltung zu entziehen.

Man wird erleben, dass die reichsten Gruppen die Finanzierung der Pensionssysteme durch Umverteilung verweigern und die Einrichtung von Pensionsfonds zu ihrem alleinigen Vorteil beschleunigen werden. Man wird erleben, dass die reichen Vororte es nicht länger akzeptieren, für ihre Sicherheit von mehrheitlich ärmeren Gemeindeverwaltungen abhängig zu sein, sondern sich in Bunkern organisieren, die über eigene Polizeikräfte und private Sicherheitssysteme verfügen. Man wird erleben, dass reiche Regionen – im Wesentlichen Haupt- und Hafenstädte – die Steuersolidarität mit den weniger reichen Regionen aufkündigen und dabei sogar die Risiken einer Abspaltung eingehen. Man wird erleben, dass die begütertsten ethnischen Gemeinschaften eines Landes oder einer Stadt ihre Trennung von den anderen Gruppen organisieren. Die Niederlage einer Minderheit bei freien Wahlen wird als Vorwand für solche Brüche dienen. In der Vergangenheit waren es die armen Mehrheiten, die sich von den sie ausbeutenden reichen Minderheiten trennten: Auf diese Weise sind wir von 62 Staaten im Jahre 1914 auf nunmehr 193 gekommen. Morgen werden die reichen Minderheiten an der Reihe sein und sich von den armen Mehrheiten trennen; alle innerstaatlichen Grenzen laufen dann Gefahr, wieder in Frage gestellt zu werden.

In den kommenden Dezennien wird so gut wie keiner der in Europa nach den napoleonischen Kriegen und in Afrika und Asien nach der Kolonisierung entstandenen Staaten genügend historische Legitimität besitzen, um einem solchen Druck seitens wirtschaftlich privilegierter und demographisch in der Minderheit befindlicher Gruppen widerstehen zu können. Man wird eines Tages das Entstehen eines flämischen, schottischen, katalanischen Staates usf. erleben und bei diesen neuen Staaten zweifellos den Auftritt einer Hand voll neuer Unmenschen.

Die Vereinigten Staaten fallen auch in dieser Hinsicht ein wenig aus dem Rahmen. Sie werden als Avantgarde-Reich und Herr des Weltmarktes durch die Sezession der einen oder der anderen ihrer reichsten Regionen weniger gefährdet sein als durch den Gegensatz zwischen ihren eigenen geopolitischen Interessen und jenen der vermögendsten amerikanischen Bürger.

Die zu planetaren Nomaden gewordenen Mitglieder dieser neuen Elite, der so genannten weltumspannenden *Hyperklasse*, größtenteils Amerikaner durch Geburt oder durch Wahl und jeglicher patriotischen Beziehung entledigt, werden die Welt zu ihrem Profit und/oder zu ihrem Ruhm gestalten wollen. Diese neue Klasse von Reichen – Unternehmer, Künstler, kreativ Tätige, Informationsgaukler etc. – wird den Großteil der Vermögensprofite und -mehrwerte erhalten; sie wird es nicht zulassen, dass ein Staat, und zwar welcher auch immer, ihr Zwänge auferlegt, die ihren Interessen zuwiderlaufen. Sie wird dem Schicksal des Landes, in dem sie arbeitet, den Gemeinschaften, in denen sie lebt, ohne sich mit ihnen zu identifizieren, immer gleichgültiger gegenüberstehen. Und so wie das Römische Reich einst von den von außen gekommenen Römern unterminiert wurde, wird das Amerikanische Reich ebenfalls von den Seinen bedroht werden, von seinen eigenen «planetaren Nomaden».

Tatsächlich werden die Vereinigten Staaten weder in der Lage sein, alle Grenzkonflikte zu schlichten noch eine Polizei zu finanzieren, deren Aufgabe es wäre, alle sich miteinander im Krieg befindenden Ethnien zu trennen. Es wird nicht in ihrem und auch nicht im Interesse irgendeiner anderen Macht liegen, die multilateralen Instanzen zu stärken oder gar zu demokratisieren, und die Organisation der Vereinten Nationen wird ein sinnentleertes Forum bleiben, wo die Armen in der Wüste schreien.

Explosion der Armut

Während die Funktion des Marktes darin besteht, die Ressourcen unabhängig von der Verteilung der Einkünfte effizient zu verteilen, besteht die der Demokratie darin, eine für wechselnde Mehrheiten akzeptable Verteilung der Einkünfte zu erreichen. Die Aufspaltung der Gesellschaft durch egoistische Bestrebungen wird die bestehenden Solidaritätsmechanismen zerbrechen, die relativen Ungleichheiten zuspitzen und absolute Armut herbeiführen. Sie wird nicht einmal eine Aufrechterhaltung des Gleichgewichts erlauben, das heißt eine Beschränkung der Ungleichheiten auf jene, die nicht dem Wohlergehen der weniger gut Versorgten und schon gar nicht dem Überleben der Ärmsten schaden.

Sie wird zuerst eine Verschärfung der Arbeitslosigkeit bewirken. Genauer gesagt, die Globalisierung der Märkte wird zu einer Produktionsüberkapazität und zur Unterbeschäftigung bei einem bedeutenden Anteil der Bewohner unseres Planeten führen, die sowohl als Arbeitskräfte wie auch als Konsumenten überflüssig geworden sein werden.

Überdies wird der vagabundierend gewordene Kapitalismus noch ungerechter sein als der sesshafte Kapitalismus. Während die Lohnstabilität dem unselbstständig Beschäftigten im Allgemeinen genügt, genügt die Vermögensstabilität dem Besitzenden nicht: Wenn er von seinen Mehrwerten lebt, braucht er eine ständige Aufwertung seiner Aktiva, die auf diese Weise die Vermögensungleichheiten vertiefen.

Diese Konzentration der Reichtümer hat bereits begonnen. In den Vereinigten Staaten sind seit 1979 97% der Vermögenszuwächse zu 20% der Reichen gewandert. Die zwei Millionen reichsten Amerikaner halten derzeit 40% des Reichtums des Landes, während sie vor ca. 30 Jahren nur 13% davon besaßen. Wenn es in diesem Rhythmus weitergeht, wird die Hälfte der amerikanischen Vermögenswerte Mitte dieses Jahrhunderts in den Händen von weniger als zweitausend Personen sein.

Genauso wird es auch eine Konzentration des kulturellen Reichtums geben. Selbst in den hochindustrialisierten Ländern wird es ein aus einem bescheidenen oder sozial benachteiligten Milieu stammendes Kind immer schwerer haben, an den besten Universitäten aufgenommen zu werden und Berufe im Bereich der Spitzentechnologien anzustreben.

Schon jetzt ist ein Großteil der Forschungseinrichtungen in den reichen Ländern untergebracht, und sie ziehen die besten Forscher der südlichen Halbkugel an: dreißigtausend promovierte Afrikaner leben außerhalb ihres Kontinents; das erste Fünftel der Menschheit konzentriert 93% der Internetbenutzer auf sich, gegenüber 0,2% im letzten Fünftel. 0,1% der Bevölkerung Afrikas südlich der Sahara hat Zugang zum Net, gegenüber ungefähr 50% in den Vereinigten Staaten. Der Zugang zum Netz ist auf der südlichen Halbkugel viel schwerer zu erlangen als auf der nördlichen: Während ein Computer weniger als ein amerikanisches Monatsgehalt kostet, kommt sein Erwerb in Bangladesch acht Jahren Arbeit gleich.

Die Menschheit wird schematisch in drei Klassen zerfallen: in die «Hyperklasse», bestehend aus Luxusnomaden,

den Inhabern des wesentlichen Teils der Reichtümer; die von unsicheren Löhnen lebende Mittelklasse, besessen vom Zeitvertreib zum Zwecke der Zerstreuung und vom virtuellen Reisen in die Welt der Reichen; die Nomaden des Elends, verurteilt zum ständigen Unterwegssein, wobei sie gerade nur so viel finden, dass sie nicht vor Hunger sterben. Trotz der Wachstumsperspektiven für das Einkommen aller Mittelklassen auf der südlichen Halbkugel wird der Abstand zu den Ländern der nördlichen Halbkugel weiterhin wachsen. Das Durchschnittseinkommen der reichsten Länder, das 1820 dreimal höher war als das der ärmsten, war 1913 elfmal so hoch, 1950 fünfunddreißigmal, 1973 vierundvierzigmal und 1993 zweiundsiebzigmal so hoch. Das reichste Fünftel der Menschheit erhält 86% des Welteinkommens, das letzte Fünftel ein Prozent. Der Gesamtbesitz der Milliarde der ärmsten menschlichen Wesen ist heute gleich hoch wie jener der hundert reichsten!

Auch die absolute Armut wird sich weiterhin ausbreiten und in bestimmten Regionen der Welt verschärfen, in erster Linie verschuldet durch korrumpierte Regierende und ökonomische Verschwendung. Im Jahre 2040 wird nicht mehr eine Milliarde Menschen von weniger als einem Dollar pro Tag leben, so wie heute, sondern mehr als die doppelte Anzahl.

Die Mehrzahl der Armen werden allein stehende Frauen mit unversorgten Kindern sein, die in Elendsvierteln am Rande von unverwaltbaren Megalopolen leben. Die Frauen leisten zwei Drittel der Arbeit der Menschheit, verdienen aber lediglich 10% des Welteinkommens und besitzen nur ein Hundertstel des Weltvermögens. Angesichts dieses Desasters wird die Gefahr einer Revolution am Horizont aufziehen.

Diktatur des Marktes

Mangels einer demokratischen Kontrolle über die Globalisierung werden viele sie in Bausch und Bogen ablehnen wollen.

In den armen Ländern werden sie die Waffen des Protektionismus einsetzen, unbarmherzige Polizeisysteme einrichten, die Minderheiten erdrücken, die Fremden fernhalten. Unter dem Vorwand der Verteidigung der Demokratie gegen die Angriffe des Marktes werden sie Erstere hinwegfegen und damit den Triumph des Letzteren umso besser sichern. Es wird Marktdiktaturen geben – es gibt schon welche: Singapur und China, die von ihrer Größe einander polar gegenüberstehen, stellen Modelle dar, denen viele gerne folgen möchten.

In den hochindustrialisierten Ländern, wo die Demokratie sich ausreichend durchgesetzt hat und nur mehr schwer in Frage gestellt werden kann – zumindest in ihren formalen Erscheinungsformen –, werden die neuen Technologien dem Markt – und nicht mehr dem Staat – die Möglichkeit bieten, sich der Unterwerfung der Konsumbürger zu versichern. Datenbanken werden alles über sie wissen. Man wird jedem auf die Spur kommen können, alle abhören, alles über alle wissen, egal ob es sich um zahlungskräftige Konsumenten, ehrbare Bürger oder gerichtsbekannte Personen handelt. Jeder wird dazu gemahnt werden, ständig über seine eigene Übereinstimmung mit einer bestimmten sozialen Norm zu wachen, die für die Aufrechterhaltung eines bestimmten sozialen Status notwendig ist. Zu diesem Zwecke wird man auf dem Markt Instrumente zur Selbstevaluierung für alle Aspekte von Gesundheit und Wissen verkaufen. Jedem, der diese Norm nicht gehalten hat, wird die Bezahlung seiner Gesundheitsausgaben oder seiner Ausbildungskosten verweigert werden. Die Selbstüberwachung wird den Schein der individuellen Freiheit mit der Realität der Unterwerfung unter die Norm versöhnen.

Gewalt und Krieg

Weder die Demokratie noch das Gesetz des Marktes werden gegen die Gewalt schützen. Schon im zwanzigsten Jahrhundert, in dessen Verlauf beide Systeme ein ungeheures Wachstum erfuhren, sind mehr als 150 Millionen Menschen (das Äquivalent der Weltbevölkerung zur Zeit der Renaissance) in Kriegen oder bei politischen Massakern gefallen, in die zum größten Teil Marktdemokratien verwickelt waren.

Wenn die Globalisierung nach dem Szenario verläuft, das ich gerade beschrieben habe, wird die Zahl der Opfer im neuen Jahrhundert weit höher sein. Die Globalisierung des Handels, die gegenseitige Abhängigkeit der Wirtschaften, das Auftauchen von weltumspannenden Unternehmen, das Entfallen der Grenzen für die Wirtschaft – all das wird nicht verhindern, dass man sich in gnadenlosen Konflikten gegenseitig zerfleischt, die die Medien angesichts so vieler schon gesehener Leichen, angesichts von so viel vergossenem und schnell getrocknetem Blut aus Überdruss mehrheitlich nicht mehr zur Kenntnis nehmen werden. Jede Nacht massakrieren an zahlreichen Orten des Globus Milizen mit oder ohne Uniform weiterhin alte Männer, nur weil sie anders sind, töten sie immer noch Kinder und lachen dabei aus vollem Halse, lassen sich weiterhin fotografieren, während sie Frauen in Stücke schneiden und die Leber ihrer Feinde essen.

So wie die Kriege in Jugoslawien, mit denen das zwanzigste Jahrhundert zu Ende ging, schon zu Ende des neunzehnten Jahrhunderts begonnen haben, muss man in den heutigen Konflikten die Umrisse der zukünftigen suchen.

Präziser formuliert, *es werden sechs Arten von Kriegen stattfinden*: drei zwischen Armen – zum Zwecke der Machtergreifung in der Hauptstadt, zum Zwecke der neuerlichen Infragestellung der Grenzen oder zum Zwecke des Kampfes um Reichtümer; drei zwischen Armen und Reichen – zum Zwecke der Kontrolle über die Reichtümer in einer Region, an der Grenze zwischen Nord- und Südhalbkugel, und, wenn alles entgleist, sogar ein weltumspannender Krieg zwischen verschiedenen Zivilisationen.

Beim überwiegenden Teil der Kriege auf der südlichen Halbkugel wird es sich um Bürgerkriege innerhalb der Grenzen einer Nation handeln. Schon zwischen 1989 und 1999 waren 58 von 61 weltweit aufgetretenen Konflikten Bürgerkriege in einem Land der südlichen Halbkugel. Diese werden sich tendenziell häufen. Vor allem, wenn die unterschiedlichen Lager im Dienste widersprüchlicher westlicher Interessen stehen (Erdöl- oder Bergbauunternehmen): *Der Krieg ist eine Fortsetzung des Marktes mit anderen Mitteln, und er wird es auch in Zukunft sein.*

In Afrika wird der Bürgerkrieg kaum ein Land verschonen: im Sudan, dem Land mit der größten geographischen Ausdehnung, wo einander die Dinka, islamische Viehzüchter im Norden, und die christlichen Animisten aus dem Süden weiterhin in einem schrecklichen Bürgerkrieg feindlich gegenüberstehen werden; im Kongo, wo noch lange Zeit Armeen und Söldner aus Burundi, aus Ruanda, aus Uganda und von anderswo einander gegenüberstehen werden; der Bürgerkrieg wird in Sierra Leone, in Liberia, in Ruanda, in Angola, in Somalia, in Zaire, in Nigeria und im Niger noch lange Zeit Menschen töten. Das einundzwanzigste Jahrhundert könnte zum Jahrhundert des Flächenbrands in Afrika werden – so wie im zwanzigsten der Balkan und der Mittlere Osten in Flammen standen.

In Asien drohen ebenfalls überall Bürgerkriege: in Kabul, in Karatschi, in den zentralasiatischen Hauptstädten und in den Golfmonarchien.

In Lateinamerika scheinen der Aufschwung und die tiefe Verwurzelung der Demokratie überall solide Bedingungen für eine demokratische Stabilität zu schaffen, außer in den Ländern, wo die kriminelle Marktwirtschaft weiterhin um sich greift, das heißt in Peru, in Bolivien, in Guatemala, in Paraguay und in Kolumbien.

Außerdem wird die Legitimität der Grenzen immer umstrittener werden. Dort, wo die Demokratie eine lange Tradition besitzt – insbesondere in Westeuropa –, wird die Selbstbestimmung zu einvernehmlich beschlossenen Sezessionen führen. Das wird woanders ganz bestimmt nicht der Fall sein. In allererster Linie in Afrika, wo die Sezessionskriege der Zukunft bereits begonnen haben. In Äthiopien treffen in einem Grabenkampf um das Dreieck von Badme an den Grenzen zu Eritrea zwei riesige, ausgezeichnet trainierte Armeen aufeinander, die über bestes westliches Material verfügen. In der Türkei wird ein vergleichbarer Krieg noch lange Zeit die reguläre Armee und die kurdischen Nationalisten einander entgegenstellen. Weitere Konflikte keimen im Irak und zwischen allen anderen Anrainerstaaten des Jordan. Der Auflösungsprozess der Ex-Sowjetunion ist noch nicht abgeschlossen; in Nordossetien, in Nagorny Karabach, in Tschetschenien, in Daghestan haben bereits Sezessionskriege begonnen; im Herzen des Erdölschätze bergenden Sibirien könnten weitere Konflikte ausbrechen.

Desgleichen in Indien, wo ein separatistischer Guerillakrieg in Bihar und in Kaschmir begonnen hat; in Sri Lanka, wo die tamilischen Sezessionisten dem Zentralstaat keine Atempause gönnen werden; in Myanmar, wo die Karen mit bloßen Händen für ihre Unabhängigkeit kämpfen werden; in China, wo die vergessenen Uguren an der Grenze zu Kasachstan einen nationalistischen Kampf bis zur letzten Konsequenz ausfechten werden; in Tibet, wo die Gewaltlosigkeit Auseinandersetzungen mit der chinesischen Armee keineswegs ausschließt; auf den Philippinen und in Indonesien, wo zahlreiche Inseln sich vom Archipel distanzieren werden.

Schließlich wird zwischen Ländern der südlichen Halbkugel eine dritte Art von Krieg stattfinden – um die Kontrolle von Rohstoffen, Wasser- oder Energiequellen, um den Besitz von fruchtbaren Territorien oder um einen Zugang zum Meer. Besonders die Anrainerstaaten des Jordan, des Nil, des Euphrat und des Ganges werden davon betroffen sein. Und es werden drei weitere Arten von Konfrontationen zwischen Reichen und Armen drohen.

Zuerst werden in den Städten der südlichen Halbkugel und auch in jenen des Nordens die Bewohner der armen Vororte und die der oberen, vornehmen Wohngegenden bzw. sogar die Repräsentanten der Mittelklasse einander in gewalttätige Ausschreitungen gegenübertreten, die sich in manchen

Fällen zu immer stärker militarisierten Stadtguerillakriegen entwickeln.

Dann können unbezähmbare Begierden Konflikte zwischen Ländern der nördlichen und der südlichen Halbkugel mit gemeinsamem Grenzverlauf auslösen: zum Beispiel zwischen Mexiko und Guatemala, zwischen Westeuropa und Russland, zwischen Israel und seinen Nachbarn, zwischen dem Maghreb und Europa.

Schließlich kann man sich in einer zugleich globalen und mittelalterlichen Welt die Konfrontation großer Allianzen vorstellen, die kulturelle und ideologische Identitäten abdecken, deren Auflösung weder der Demokratie noch der Marktwirtschaft gelungen sein wird.

Ideologisch motivierte Koalitionen wie im zwanzigsten Jahrhundert, Koalitionen von Konkurrenten, wie es vom sechzehnten bis zum neunzehnten Jahrhundert der Fall war, oder vielleicht sogar eine Koalition der Reichen gegen eine Koalition der Armen? Bei jeder der drei möglichen Varianten werden diese Koalitionen alle oder einen Teil der sieben großen, derzeit und auch in Zukunft weiterhin existierenden Zivilisationen vereinen: Vereinigte Staaten, Europa, Russland, islamische Welt, China, Indien, Japan.

Wenn wir die Möglichkeiten beiseite lassen, dass Russland wieder Kriegsgelüste entwickelt, dass die islamische Welt sich eventuell als universelle bedrohliche politische Macht strukturiert oder dass ein Krieg zwischen Vereinigten Staaten, Europa und Japan vorstellbar würde, dann ist die wahrscheinlichste Hypothese eine Konfrontation zwischen südlicher und nördlicher Halbkugel, wobei die Koalition der nördlichen Halbkugel alle hochindustrialisierten Nationen mit den Vereinigten Staaten als Zentrum vereinen wird und die Koalition ihrer Gegner den größten Teil Asiens und einen erheblichen Anteil der islamischen Welt um China herum. Die erste Gruppe würde zwei Drittel des Reichtums der Welt und ein Fünftel der Weltbevölkerung verkörpern; die zweite ein Fünftel des Reichtums der Welt und zwei Drittel der Weltbevölkerung. Fakten, die keineswegs in den Kompetenzbereich von Science Fiction-Autoren fallen.

Schon jetzt schlagen manche offen die Übernahme der Kontrolle über eine «Allianz für die Demokratie» durch die Vereinigten Staaten vor. Diese sollte den Atlantikpakt ersetzen und im Rahmen einer defensiven Koalition gegen die chinesische Welt alle hochindustrialisierten Länder vereinen, inklusive Lateinamerika und Indien, wobei ihre auf einer qualifizierten Mehrheit basierenden Entscheidungsmechanismen die notwendige Anerkennung der formalen Demokratie in einer tatsächlichen Unterwerfung unter die Vereinigten Staaten sichern sollen.

Wie die vorangegangenen Konfrontationen zwischen Großreichen würde dieser Krieg mit lokalen Konflikten um die Kontrolle von natürlichen Ressourcen (in Zentralasien und in Sibirien), um den Schutz der «Märkte» oder zur Verteidigung spezifischer religiöser oder kultureller Werte beginnen.

Die Beziehungen Indiens, der Türkei und Russlands zum Westen, Pakistans und Indonesiens zu China, Zentralasiens zu beiden, werden zu den bestimmenden Einflussgrößen der nächsten Weltkatastrophe gehören. Diese könnte leicht zum ultimativen Krieg werden, denn seit dem letzten hat die Wissenschaft den Menschen mit den Mitteln zur Zerstörung seiner Gattung versehen.

Wissenschaft und Diktatur

Wenn der Markt den Sieg über die Demokratie davonträgt, wird er die Wissenschaft in Richtungen lenken, die für die Menschheit bedrohlich sind.

Zuerst, weil der Triumph des Marktes die drei ökologischen Probleme der Zukunft bereits jetzt in die Ausweglosigkeit manövriert, indem er sie miteinander verquickt: Wassermangel, Akkumulation von Energieabfällen und Klimaumwälzung.

Dann, weil die Errungenschaften der Wissenschaft beim Versuch, den Markt zufriedenzustellen, in neue Desaster münden können.

Es besteht die Gefahr, dass die Wissenschaft durch Destabilisierung der Nahrungsmittelnetze, durch das unbeabsichtigte Resistentmachen schädlicher Pflanzenarten gegen Herbizide, durch die Ermöglichung des Aufkommens von insektizidresistenten Insekten, durch die Abschaffung eines natürlichen Überflusses mit dem Ziele einer künstlichen Verknappung des manipuliertes Saatgutes, durch das Zulassen der Ausbreitung von Krankheiten über die Artengrenzen hinaus, nicht wieder gutzumachende agrarische Schäden herbeiführt.

Auf den Menschen angewendet, könnte die Genetik zu weiteren Wahnsinnstaten wie etwa den folgenden führen: die Kinder über Verbote, welche mittels einer individuellen genetischen Karte diktiert werden, dazu zu treiben, ihre Verhaltensweisen in bestimmte Richtungen zu modeln und bestimmte Berufe und Beziehungen zu wählen; vor der Produktion von Chimären, von hybriden, den wirtschaftlichen Bedürfnissen angepassten Tieren nicht Halt zu machen; schließlich das Menschenklonen zu gestatten, zuerst zum Zwecke der Schaffung von Organreserven oder zum Zwecke der Reproduktion eines sehr jung verstorbenes Kindes und danach für alle möglichen anderen Zwecke. Selbst wenn ein weltumspannendes Gesetz vorgeben würde, dies zu verbieten, könnte seine tatsächliche Umsetzung nicht überprüft werden: Das Klonen wird stattfinden.

Und wenn die Entwicklung bis zum Äußersten geht, wird man vielleicht eines Tages den Marktbedürfnissen entsprechend gefächerte menschliche Klone produzieren, die über ihr Schicksal glücklich sein werden. Eifersuchts- und lustlose Klone. Entfremdet um des Vergnügens an dieser Entfremdung willen, es nach der Voraussage von Aldous Huxley so einrichtend, *dass die Leute gerne das sind, was sie sind.* Dies wäre dann wirklich – und nur dann – das Ende der Geschichte mittels Vernichtung der Gattung Mensch.

Vom Zeitvertreib zur Revolution

Kann man solches Abdriften, das die beiden besten Systeme, welche der Mensch zum Zwecke des Zusammenlebens mit seinen Mitmenschen erfunden hat – den Markt und die Demokratie –, letztendlich in eine Katastrophe verwandeln würde, verhindern? Wird die Möglichkeit bestehen, zwischen den beiden wieder ein Gleichgewicht herzustellen? Eine feste Grenze zwischen dem, was dem Einflussbereich des Marktes angehört, und dem, was dem Zuständigkeitsbereich der Demokratie unterliegen muss, zu definieren? Auf innerstaatlicher Ebene? Auf kontinentaler Ebene? Den ganzen Planeten umfassend?

Die Antwort auf diese Fragen ist wahrscheinlich negativ: Von der Zukunft ist zweifellos nichts zu erhoffen. Den Reichen sind die Wunder des Zeitvertreibs zugedacht, damit sie ihren Schrecken vor dem Sterben vergessen und – prosaischer – ihre Angst vor einem Sturz ins Elend, das sie von weitem heimlich beäugen. Den Armen werden die fernen Herrlichkeiten des Marktes vorgegaukelt, damit ihnen klar wird, dass nichts jemals diese immanente, unerbittliche Kraft unter Kontrolle wird bringen können, diese ortlose Macht.

Rebellische Kräfte sind jedoch am Werk. Die Hälfte der Weltbevölkerung ist jünger als zwanzig. Sie ist überwiegend arm und wohnt auf den Millionen von Bildschirmen der Welt der

Zurschaustellung des Reichtums bei, welchen sich die Wohlhabenden des Westens teilen. Aus dieser ungeheuren Diskrepanz entsteht gerade etwas. Einige der Ärmsten werden der Reihe nach ihr Glück auf der nördlichen Halbkugel versuchen. Andere – auf der nördlichen wie auf der südlichen Halbkugel – werden dahin gelangen, von einer Gesellschaft zu träumen, in der alle Menschen endlich miteinander leben könnten, ohne einander zu ignorieren oder zu hassen. Eine Utopie?

Kapitel III

Das Streben nach Glück

> «Es blieb ihnen also die Gegenwart, der Geist des Jahrhunderts, der Engel der Dämmerung, der weder Tag noch Nacht ist; sie fanden ihn auf einem Kalksack voller Knochen sitzen, in den Egoistenmantel gepresst und vor schrecklicher Kälte schlotternd ...»

Die Herrschaft des Marktes über die Demokratie läuft also auf eine monströse Gleichzeitigkeit von Gut und Böse hinaus. Auf eine Art neues Mittelalter, wo Barbarei und Überfluss hart aneinander grenzen. – Keiner, der sich für das Überleben der Anderen verantwortlich fühlt, angefangen bei dem seiner eigenen Kinder, wüsste sich damit zufrieden zu geben. Und so sind wir auf alte und naive Fragen zurückgeworfen: Können wir anders leben? Können wir hoffen, eines Tages eine Welt ohne Gewalt, ohne Elend, ohne Egoismus zu schaffen?

Weil sie sich diese Fragen stellen und die Suche nach Antworten nicht aufgeben, gelingt es den Frauen und Männern von heute immer noch, ihre Gegenwart zu ertragen, ohne sich darein zu ergeben. Manche von ihnen beschreiben unter dem Namen *Utopie* gerne das, was eine ideale Gesellschaft sein könnte und wie man es anstellen müsste, damit die realen Gesellschaften ihr ähneln. Solche Utopien haben bei allen großen Abenteuern der Vergangenheit Pate gestanden. Neue werden aus den Widersprüchen der Zukunft hervorgehen. Es ist höchste Zeit, sie zu erfassen und zu verstehen.

Was ist eine Utopie?

Die Utopie ist der Entwurf einer idealen Gesellschaft. Sie darf nicht mit dem Mythos verwechselt werden, der die Erinnerung an eine imaginäre Vergangenheit lebendig hält, und auch nicht mit dem Millenarismus, der eine lange Periode von Unruhen auf Erden vor dem Ende aller Zeiten ankündigt. Sie ist auch weder ein Programm noch eine Ideologie, weder eine Strategie zu Machtergreifung noch ein Nachdenken über eine Übergangsperiode. Sie ist Wille zur Formung des Bildes der Gesellschaft nach einem ethischen Ideal, nach einer bestimmten Vorstellung von Gerechtigkeit, Glück, Wirkungskraft, Verantwortung.

Manchmal ist die Utopie das Werk eines identifizierbaren Schriftstellers; manchmal ist sie eine aus der tiefsten Tiefe eines Volkes oder einer Kultur hervorgegangene kollektive Erzählung. Sie wird in allen Künsten zum Ausdruck gebracht, von der Musik bis zur Literatur, vom Kino bis zur Werbung. Sie findet ihre Quelle oft in einem Initiationstext, in dem die Rede von einem verlorenen Paradies ist, von einem Urmord, einem notwendigen Oberhaupt, von zu respektierenden Tabus. In allen Fällen ist sie eine Suche nach der besten aller Welten oder doch wenigstens der Versuch zu definieren, unter welchen Bedingungen die Menschen glücklich und friedlich zusammenleben könnten.

Die Utopie geht oft von einer Elite aus, die Angst davor hat, ihre Privilegien durch ihre eigene Blindheit zu gefährden. Sie ist manchmal auch eine Reaktion auf eine unkontrollierbare Entwicklung, auf etwas, was als ein Abrutschen empfunden wird; sie spiegelt dann den Wunsch nach einer Atempause oder nach einem Ende der Geschichte wider, nach dem Kommen einer ruhigen Welt ohne Überraschungen, frei von Gewalt, einförmig und fest, deren Einwohner vor ihren eigenen Unbesonnenheiten durch Regeln geschützt wären, durch ewige und geheiligte Institutionen. Wo Glück und Freude garantiert wären und es Mühsal und Leiden nicht mehr gäbe.

Manchmal ist das Reden von der Utopie ein Reden über wissenschaftliche Erkenntnis: das Zugestehen des Rechts auf eine Utopie ist dann das Zugestehen des Rechts auf Verstehen und Verändern. Sobald es wissenschaftliche Erkenntnis gibt, gibt es Utopie; sobald es Utopie gibt, gibt es auf die eine oder andere Art den Wunsch nach wissenschaftlicher Erkenntnis.

Die Utopie ist im Allgemeinen die Imagination einer idealen und idyllischen Gemeinschaft, wo Maschinen für die Menschen arbeiten würden, wo allen alles zur Verfügung stünde, gratis, in unendlichen Mengen, ohne Mühsal, ohne dass jemand durch die Erzeugung von neuen Gütern neue Frustrationen schaffen würde. Manchmal ist die Utopie bescheidener und garantiert nur Würde und Arbeit für alle. In allen Fällen träumt sie von einer Welt, wo sich der Mangel auf erträgliche Weise organisieren ließe: Mangel an Freiheiten, Gütern, Liebe, Leben. Und da der Überfluss eben von der Fruchtbarkeit kommt, sind der Besitz von Frauen, Land, Geld und Informationen im Allgemeinen zentrale Aspekte der Utopien.

Die Utopie sieht manchmal die Vergesellschaftung der Güter, freien Konsum in kollektiven Geschäften und die Eliminierung des Geldes vor. Sie impliziert im Allgemeinen die Eliminierung von Verbrechen und Straftaten, entweder weil die Menschen vernünftig und gerecht geworden sind oder weil die Gesetze, die selber vernünftig und gerecht sind, sie in die Vernunft hineingezwungen haben oder aber weil bestimmte Ausschweifungen oder Übertretungen von Tabus und Normen nicht mehr als strafbar angesehen werden. Sie ist absolut gesehen die Beschreibung einer Lebensform, die der Einsamkeit, der Mühsal, dem Kummer, dem Mangel, dem Kräftemessen und überhaupt allen Quellen des menschlichen Unglücks entrinnt. Wenn eine der Quellen des Unglücks darin besteht, zu begehren was der andere begehrt, dann eliminiert die Utopie das Begehren. Oder die Rivalität oder den Ehrgeiz oder den Neid und die Eifersucht. Oder alles, was dem Glück und der Lust schaden könnte.

Die Utopie bringt immer den Wunsch nach einer Reinheit der Sitten und Institutionen zum Ausdruck, oft durch eine Verweigerung der Autorität des Vaters zugunsten der Liebe der Mutter. Manchmal werden die sexuellen Beziehungen dort verboten, verneint oder zumindest reglementiert. Oft garantiert ein wohlwollender Staat in der Utopie jedermann Ansehen und Rechte; oder der Staat ist gar nicht notwendig, und keine wie immer geartete Macht schränkt die Ausübung der Freiheiten ein.

Die Utopie ist entweder Hoffnung auf Erneuerung zu einem Zeitpunkt, wo eine bestimmte Entwicklung scheitert; oder, im Gegenteil, Beschreibung der Vollendung von gerade erfolgenden Fortschritten, die manchmal als unausweichlich angesehen wird. Sie ist dann, wie Victor Hugo am Ende eines Jahrhunderts voller Versprechungen schreibt, die «Wahrheit von morgen» oder, wie zur gleichen Zeit Lamartine verkündet, eine «verfrühte Wahrheit».

Sie verweist im Allgemeinen auf eine irreversible, lineare Konzeption der Zeit, die allen jenen Zivilisationen gemeinsam ist, die Perfektion und Einheit anstreben, jenen Zivilisationen, die in der Zukunft die Möglichkeit zur Selbstregeneration der Menschheit sehen, zum Zusammenschluss und zum Fortschritt. Sie lässt sich daher nicht von einer Reflexion über die Erbsünde, die Gnade, den natürlich guten oder bösen Charakter der Menschen, über die Notwendigkeit, sie zur Gerechtigkeit zu zwingen, und die diesem Zwang innewohnenden Gefahren trennen.

Sie kann eine unverzüglich mögliche Gesellschaft beschreiben, die man nur wollen muss, um sie zu verwirklichen. Oder ganz im Gegenteil eine in weiter Ferne liegende Gesellschaft, zu deren Realisierung ein gewisser wirtschaftlicher oder kultureller Entwicklungsstand erforderlich ist. Mehrere Wege können daher zur Erfüllung einer Utopie führen: die politische Aktion, eine Diktatur, der wissenschaftliche Fortschritt, der Zufall, die Entfaltung der natürlichen Eigenschaften des Menschen. Es gibt in der Utopie keinen Platz für die «großen Männer», außer für die Wissenschaftler, die als Einzige Neues schaffen dürfen. Es ist darin selten die Rede von der Art, wie diejenigen zu behandeln seien, die sie ablehnen, sofern nicht gleich angekündigt wird, dass die «Gegner alle ausgerottet werden» (oder «ausgeschlossen», «neutralisiert», in Reservaten oder Lagern isoliert).

Die Utopie repräsentiert immer eine Reise: Sehnsucht nach

der Vergangenheit, Kindheit, Regression, oder im Gegenteil Flucht nach vorne, Suche nach einer glanzvollen Welt, einem goldenen Zeitalter, nach einer Freisetzung der Fantasievorstellungen. Sie repräsentiert den Wunsch nach Erreichen von eigenem Boden, nach Ankunft bei sich zu Hause, frei und vor den Feinden geschützt.

Um den Ort der Utopie beschreiben zu können, ohne die Mittel zu ihrer Realisierung aufzählen und auch nicht die Schwierigkeiten des «Übergangs» beschreiben zu müssen, richten ihre Erfinder sie im Allgemeinen in einem imaginären Land ein – oft auf einer Insel–, wo sie vor allen Ansteckungen und Einflüssen der anderen Sterblichen geschützt ist. Die Reisenden, die von dort zurückkommen, berichten nicht von ihrer oft schwierigen und riskanten Fahrt, die sie kein zweites Mal machen könnten (manchmal wird die Reise im Schlaf unternommen), sondern von den wunderbaren Ländern, die sie entdeckt haben – mit allen geographischen und topographischen Details. Sie äußern sich im Allgemeinen auch nicht zur Geschichte, die zur Errichtung dieses utopischen Systems geführt hat. Es ist seit ewigen Zeiten da, in einem Land, das selber geschichtslos ist. Man beschränkt sich darauf, das Heraustreten aus dem Labyrinth ins Gedächtnis zu rufen, das Ziel der Reise des Nomaden, den Stern, der ihn geführt hat, aber man erwähnt weder das Navigationsbesteck und die Seekarten des Schiffs noch den Weg, den es genommen hat, genauso wenig wie die Wende- und Höhepunkte der Reise, die Hindernisse beim Passieren der Grenze, die Sackgassen des Labyrinths: das Recht auf Entdeckung, auf Irrfahrt und Irren wird selten anerkannt durch die Utopie.

Sie setzt der Geschichte nicht notwendigerweise ein Ende,

auch wenn das Ende der Geschichte eine Utopie unter anderen darstellt. Sie markiert im Gegenteil oft den Beginn von Geschichte, den Beginn einer neuen Ära. Sie geht dann einher mit einem neuen Kalender, einer neuen Art der Zeitrechnung, einer Zurückweisung der Vergangenheit, einer Amnesie oder einer Amnestie, die die früheren Verbrechen der Menschen ausradiert.

Letztes Charakteristikum des utopischen Diskurses: Er kann nur von denen gehört werden, die sich das Recht herausnehmen, eine bessere Zukunft zu fordern, eine weitreichendere und reichere Zukunft, von denen, die denken, dass das ihnen zufallende definitive Los sich nicht auf Unglück oder Resignation reduzieren lässt: kurz, mittelmäßige Menschen brauchen keine Utopie.

Die diskreditierte Utopie

Heute liest man nichts mehr über Entwürfe idealer Gesellschaften, ein Thema, das noch bis zur Zwischenkriegszeit sehr aktuell war. André Gide schrieb 1935: «Wie viele jugendliche Anwandlungen, die sich von Heldenmut erfüllt glaubten und die das schlichte Wort *Utopie* plötzlich klein hat werden lassen und die Furcht, in den Augen verständiger Menschen als Fantast zu gelten. Als ob nicht jeder große Fortschritt der Menschheit einem Stück verwirklichter Utopie zu verdanken wäre.»

Als die Science-Fiction nach dem Zweiten Weltkrieg die Nachfolge des utopischen Diskurses antritt, geschieht das im Allgemeinen (in *1984, Schöne neue Welt, Planet der Affen, Hochhaus, Limbo* oder *FairyLand*), um dessen Gefahren zum Ausdruck zu bringen und anzuprangern.

Dieser Misskredit ist durch zahlreiche Ursachen erklärbar.

Die Fortschritte von Wissenschaft und Wirtschaft haben Lebensweisen möglich gemacht, von denen die wildesten Utopisten nicht zu träumen gewagt hätten.

Die Geburt und die Konsolidierung der *Demokratie* haben das Bedürfnis nach einer Gestaltung von Sozialkritik über den Umweg einer Utopie kleiner werden lassen. Man kann sie von jetzt an in Form eines konkreten Projekts, dessen etappenweise Realisierung man den Bürgern vorschlägt, offen zum Ausdruck bringen, ohne dass man eine ideale Gesellschaft beschreiben müsste.

Die *Globalisierung des Handels* beweist jeden Tag, dass sogar auf einem genau umgrenzten Territorium keine andere Gesellschaft als die durch Märkte geformte möglich ist und dass es sinnlos ist, daran auch nur einen einzigen Gedanken zu verschwenden. Der Markt vernichtet also die Utopie als Reflexionsobjekt und vereinnahmt sie gleichzeitig als Konsumobjekt, wobei er sie zum direkten Fundament der Werbung macht.

Die *Psychoanalyse* hat viele zu dem Zugeständnis gebracht, dass das Glück keine interessante Kategorie sei und dass das Beste, was jeder im Leben erhoffen könne, das hellsichtige Ertragen der eigenen Person sei, das zynische Erforschen aller seiner Lustquellen und die Befreiung von allen seinen nostalgischen oder idealisierten Sehnsüchten.

Die *Wissenschaft* hat den Zeitumfang verändert. Während die Utopie eine Geschichte nach menschlichem Maß voraussetzt, bietet die Astronomie ein Zeitmaß in Milliarden von Jahren an, in dem die Menschheit nur einen lächerlich winzigen und von Flüchtigkeit gekennzeichneten Platz einnimmt.

Schließlich und insbesondere hat die moderne *Geschichte* gezeigt, dass die Utopie die Mutter aller Diktaturen ist. Denn indem es den Menschen «zu seinem Besten» zwingen wollte, in einer als ideal verordneten Gesellschaft zu leben, hat das zwanzigste Jahrhundert sehr viele von verzerrten, zertrümmerten Utopien bevölkerte Albträume produziert. Nach Auschwitz und dem Archipel Gulag ist kein Platz mehr für sie. Jene, die aus den Lagern wieder herausgekommen sind, wissen, dass die Opfer selber dazu imstande sind, eines Tages zu

Henkern oder zu Komplizen der Henker zu werden, dass jedes menschliche Wesen, das man in dermaßen außergewöhnliche Verhältnisse versetzt, sich in ein Monster verwandeln kann, dass vom Menschen nichts zu erwarten ist, nicht allein und schon gar nicht in einer Gruppe. Dass sich hinter jeder schönen Rede, die eine strahlende Zukunft großzügig mit Worten ausschmückt, ein potenzieller Diktator verbirgt. Dass alle generösen und altruistischen Akte Angst vor Einsamkeit und Tod maskieren, einen wahnwitzigen und naiven Willen, anerkannt und geliebt zu werden, eine Spur zu hinterlassen, Ewigkeit zu erlangen im Gedächtnis der anderen.

Angesichts der durch die Geschichte angerichteten Schäden haben fast alle Menschen ihren Glauben an eine institutionelle Glücksspendemaschinerie aufgegeben, sie haben gelernt, sich mit den Gesetzen der Wirtschaft abzufinden, sich dem Unerwarteten zu beugen, einzugestehen, dass der einzige gute Geschichtstheoretiker Shakespeare heißt und dass die einzige effiziente Antriebskraft im Leben der Völker die Leidenschaft bleibt.

Anti-utopische Zivilisationen

Viele Zivilisationen haben keine Utopien produziert. Manche wurden sogar auf deren Verneinung aufgebaut.

Bestimmte Kulturen behaupten, dass das Vergehen der Zeit keinen Sinn hat außer dem der Zerstörung des Lebendigen, der Verrottung, für die die Natur zahllose Beispiele liefert. Sie verkünden, dass es weder ein verlorenes Paradies noch eine strahlende Zukunft gibt, dass der Weg des Menschen nur der vom Unglück zum Leiden sein kann und von der Tragödie zum Kummer. Dass das Einzige, was er tun kann, darin besteht, den Verzicht auf jegliches Streben nach Glück zu erlernen, auf jeglichen Appetit auf Lust, und damit die Bedingungen seines Leidens zu reduzieren und den anderen beim Sich-Abfinden behilflich zu sein.

Für andere anti-utopische Zivilisationen ist die Zeit zyklisch, der Mensch geht darin von Leben zu Leben und versucht dabei das Leiden mittels des Verzichts zu eliminieren, des *nirvana*, bis er aus dem Zyklus der Reinkarnationen herausfindet, dem *samsara*. Jedes Leben ist da nur eine Episode im Kampf gegen das Leid mittels der Verneinung des Begehrens.

Grob gesagt tendiert das indische Denken eher zur Zerstörung das Ganzen, zur Verrottung, während das chinesische Denken eher zwischen dem *wu* und dem *wei* hin- und herpendelt, dem Sein und dem Nichtsein, dem Handeln und dem

Nicht-Handeln. Aber beide durchdringen einander zu stark, als dass man sie in wenigen Worten voneinander scheiden könnte.

Auf eine gewisse Weise haben alle Gesellschaften des Ostens in ihrer unendlichen Mannigfaltigkeit den *Verzicht* zur gemeinsamen Utopie erkoren: eine Art umgekehrter Utopie, die nicht zu einer vollendeten menschlichen Gemeinschaft tendiert, sondern zu ihrer direkten Verneinung, wodurch die Menschen weder staunen noch sich empören noch handeln müssen.

In dieser Apologie der Passivität lebte bis jetzt mehr als die Hälfte der Menschheit. Sie tritt gerade aus ihr heraus, denn sie will zumindest den Eintritt in die Überflussgesellschaft versuchen, um der Anstrengung und der Zeit einen Sinn zu verleihen. Höchster Sieg des Westens: Er ist auf dem besten Weg, seinen Zeitbegriff erfolgreich durchzusetzen und auf diese Weise die Rückkehr der Utopie in Gesellschaften, die sie seit jeher verneint hatten, zu erzwingen.

Über den vernünftigen Gebrauch der naturwüchsigen Moral

Wenn man aber auf die Zukunft Einfluss nehmen will, kann man sich eine Rückkehr zur Utopie nicht ersparen. Man darf eine neuerliche Situierung der Menschheit und ihrer Geschichte im Rahmen eines zum Möglichen erweiterten Schicksals nicht verweigern. Auch auf die Gefahr hin, naiv zu erscheinen, außerhalb jeglicher Realität zu orakeln, muss man sehr wohl von einem absoluten Traum ausgehen.

Der Nomade macht sich ohne Gelobtes Land, von dem er träumen kann, nicht auf den Weg. Er braucht eine naturwüchsige Moral, um sich eine gute Gesellschaft zu erdenken, auch wenn er sie unerreichbar weiß.

Kapitel IV

Ewigkeit, Freiheiten, Gleichheiten, Brüderlichkeiten

> «Alles, was war, ist nicht mehr; alles, was sein wird, ist noch nicht. Suchen Sie das Geheimnis all unserer Leiden nicht anderswo.»

Ein Inventar der Utopien zu erstellen, scheint *a priori* unmöglich zu sein. Die Projekte sind dermaßen unterschiedlich, dermaßen gegensätzlich; ihre Ursprünge, die Sehnsüchte, die sie transportieren, ihre Wertsysteme sind so weit voneinander entfernt, dass es illusorisch scheinen mag, eine gleichzeitig umfassende, klare und überzeugende Klassifizierung von ihnen erstellen zu wollen.

Nach Ausprobieren mehrerer Typologien erachte ich jene als die stichhaltigste, die die Utopien in vier große Kategorien rund um vier wesentliche Ziele gruppiert: *Ewigkeit, Freiheiten, Gleichheiten, Brüderlichkeiten*.

Am Anbeginn der Gesellschaften sahen die Menschen, die wussten, dass nur ihren Göttern Vollkommenheit zustand, ihren kurzen Aufenthalt auf Erden ausschließlich als ein Schmerzenslabyrinth, an dessen Ende sich eine Tür befand, die ihnen *vermittels* des Todes den Weg zur Gesellschaft der Götter und zur *Ewigkeit* eröffnete. Zu Lebzeiten nahmen sie sich nur vor, in aller Stille zu leiden, die Katastrophen so gut wie möglich zu bewältigen, die Gewalt in Schach zu halten und ihren Übertritt oder ihre Wanderung zu diesem utopischen Ort hin so präzise wie möglich zu organisieren.

Bei den Hebräern und danach bei den Griechen wagten es Menschen, sich von den theologischen Forderungen zu befreien und sich eine ideale Gemeinschaft zu erträumen, in der sich die *Freiheit* entfalten würde.

Andere verstanden, indem sie die Entwicklung der Warengesellschaft beobachteten, dass die Freiheit der einen die Entfremdung der anderen zur Folge haben würde, und sie suchten die *Gleichheit*.

Wir sind heute an einem Punkt angekommen, wo diese drei Utopietypen über ihre eigenen Widersprüche stolpern. Über das Versprechen der Ewigkeit schränken die Religionen die Freiheiten ein. Dort, wo sie existieren, haben die Freiheiten eine Zunahme der Ungleichheiten und der Unsicherheit nicht verhindern können. Umgekehrt hat die Gleichheit nur auf den Trümmern der Freiheiten Gestalt annehmen können. Auf jeden Fall ist es keiner dieser Utopien gelungen, das Ziel zu erreichen, das sie sich gesteckt hatte.

In Zukunft werden manche eine Rückkehr des Religiösen prophezeien; andere werden neue Wege zur Gleichheit oder zur Freiheit suchen. Wieder andere werden es schließlich wagen, die Grenzen dieser Utopien zu überschreiten und sich eine Welt vorzustellen, wo die Utopie nicht mehr auf Angst, Egoismus und Neid und Eifersucht gegründet wäre, wie es bei den drei ersteren der Fall ist, sondern wo jedermann sein Glück darin fände, die anderen glücklich zu machen; dies wird den Namen *Brüderlichkeit* tragen.

Diese vier Typen der Utopie streben alle nach dem Glück: nach dem Glück jedes Einzelnen und nach dem Glück aller, hier, jetzt oder auf immer. Aber sie sind von unterschiedlicher Beschaffenheit. Ewigkeit, Gleichheit und Freiheit sind Rechte; Brüderlichkeit ist eine moralische Verpflichtung. Ewigkeit und Freiheit sind jeweils ein individueller Status; Gleichheit und Brüderlichkeit sind Beziehungen zwischen Mitgliedern einer bestimmten Gesellschaft. Freiheit und Gleichheit sind Utopien des Mangels, Ewigkeit und Brüderlichkeit sind Utopien des Überflusses. Freiheit wird negativ definiert (nicht unterworfen sein); Gleichheit wird positiv definiert (dem anderen gleich sein); Brüderlichkeit verbindet das individuelle Glück mit dem der Anderen, sie ist die einzige altruistische Utopie.

Wenn ich diese Klassifizierung gewählt habe, so deswegen, weil jede vorstellbare Utopie auf die eine oder die andere dieser vier Grundkategorien zurückführbar ist. Zum Beispiel kann die Utopie der Reinheit, in der das Schmutzige, das Unreine, das Schamlose, das Schädliche, das Farbige, das Fremde eliminiert wären, auf eine egalitäre Utopie zurückgeführt werden, in der das, was anders ist, als unrein betrachtet wird (tatsächlich geht Hygienebesessenheit immer mehr oder weniger mit Xenophobie einher). Die Utopie des Wissens, in welcher der Mensch die absolute Erkenntnis erreicht, schließt an jene der Ewigkeit an, in welcher der Mensch Gott ist; oder weiter noch an jene der Freiheit, wo der Mensch Herr der Welt ist. Die Utopien des Überflusses lassen sich, mögen sie nun das Ende der Unsicherheit oder der Mühsal versprechen, auf jene der Freiheit zurückführen, sofern es um den Überfluss bezogen auf den Einzelnen geht, oder auf jene der Gleichheit, wenn es sich um ein allen versprochenes Schlaraffenland handelt. Das Ende des Leidens verweist auf die Utopie der

Ewigkeit; Lust, Markt und Demokratie auf die der Freiheit. Die Utopien der Verantwortlichkeit, des Altruismus und der Gewaltlosigkeit haben ihren Ursprung in der Brüderlichkeit.

Schließlich – und das ist vielleicht das Wesentliche – *schafft jede einzelne dieser vier Utopien die Bedingungen für den Durchbruch der drei anderen*. Sie folgen einer unerbittlichen Ordnung gehorchend historisch aufeinander, wobei weder eine Rückkehr in die Vergangenheit noch Interferenzen ausgeschlossen sind. Heute ersteht aus dem Bankrott der drei erstgenannten Utopien die Notwendigkeit der Brüderlichkeit, die wie alle Utopien zugleich unausweichlich und unmöglich ist.

Das Ende des Todes

In den frühen Nomadengesellschaften stellen sich die Menschen Glück zweifelsohne nur in einem Jenseits des Lebens vor. Sie geben dem Aufenthaltsort der Toten zahllose Formen: Paradies oder Hölle, Nichts oder Garten des Überflusses, Ort der Freude oder des Leidens; sie behalten ihn den Auserwählten vor oder gestehen ihn allen Menschen zu; manchmal gedenken sie ihn mit den Göttern zu teilen, mit den Tieren oder mit imaginären Geschöpfen. Die Welt der Lebenden hingegen ist nur ein Labyrinth, ein Durchgangsstadium zur Ewigkeit. Sie dient nur zum Erlernen des Ewigwerdens, zur Gestaltung eines gelungenen Übergangs in das höchste Königreich, und zwar mit Hilfe von Verständigungsriten, Opfern oder Gaben an die Götter, auf dass diese den Menschen auf ihrem Weg in ein ideales Jenseits Beistand leisten mögen.

Für diese Urvölker ist das Leben zu kurz, von zu vielen Ängsten und Leiden durchdrungen, als dass eine Utopie auf Erden vorstellbar wäre. Weder die menschliche Gesellschaft noch die Natur können verbessert werden; beide gehorchen Gesetzen, gegen die man nichts tun kann, wenn man nicht Schlimmstes bewirken will. Die Ordnung auf Erden stellt, auch wenn sie ungerecht, versklavend oder unerträglich ist, eine Strafe für eine Erbsünde dar – oder sie besitzt zumindest eine unzugängliche Immanenz. Dagegen kann man sich nicht empören. Man muss den Umgang mit ihr Häuptlingen und Priestern überlassen, die auserwählt wurden aufgrund ihrer Fähigkeit, die Reise ins Jenseits zu gestalten. Jeder Versuch, die Riten oder die Machtverhältnisse zu verändern, kann nur die von den Göttern gewollte Harmonie zerstören, Unordnung erzeugen und die Chancen der Menschen zur Erlangung der Ewigkeit verringern. Freiheit schadet der Ewigkeit.

Im Übrigen muss man zweifelsohne eine Trennlinie zwischen dieser und der Unsterblichkeit ziehen. Ewigkeit ist der unendliche, jedem Bewusstsein offene utopische Ort, Unsterblichkeit hingegen das jedem Bewusstsein zugestandene utopische Recht, sich in die Ewigkeit zu projizieren oder zu verlängern.

In bestimmten Zivilisationen ist das Jenseits selber nur ein provisorischer Zustand, eine Oase zwischen zwei Aufenthalten auf Erden. Sie ist wie das Leben nur eine Etappe auf einem Weg, der zur Verneinung jeder Spur von Individualität führt. Die Utopie besteht dann in der vollen Ausführung sämtlicher Übergänge, in der Verneinung des Seins und seiner Verschmelzung mit dem Geist in dem *einen* Bewusstsein, dem Sammelbecken für das je einzelne Bewusstsein aller Lebenden. Man gelangt dorthin durch das Nicht-Handeln, die Vorbedingung des Nicht-Leidens.

In den Dörfern und Reichen, die vor zirka achttausend Jahren an die Stelle der Nomadengesellschaften traten, wird die Verbindung zwischen Ewigkeit und Diesseits deutlicher. Der Aufenthaltsort der Toten ist ebenso nach dem Rang abgestuft wie bei den Lebenden. Nur jene haben ein Anrecht auf Ewigkeit, die über genügend Güter verfügen, die sie den Göttern dann im Austausch für ihre Gastfreundschaft schenken. *Die Hölle ist für die Armen da.*

Im Monotheismus greift ein neuer Akteur in die Zu- und Vorbereitung des Jenseits ein: der *Messias,* Geburtshelfer einer Utopie, in der man nicht mehr einfach nur das Leben mit den Göttern teilt, sondern eine neue, unbekannte Welt betritt, die noch geschaffen werden muss. Gewiss, es gibt auch so etwas wie eine Utopie auf Erden, aber sie ist in die Vergangenheit verbannt und für immer unerreichbar: Es ist der Garten Eden, wo der Mensch alles zu seiner Verfügung hatte, ohne Mühsal und ohne Vorwissen, und aus dem er verjagt wurde, weil er die Unwissenheit zurückgewiesen hatte. Nach dem Kommen des Messias wird der Mensch nicht ins irdische Paradies zurückkehren, sondern sich im Reiche Gottes einrichten, wo alle Toten in einer hierarchielosen kollektiven Ewigkeit vereint sein werden, ganz unabhängig von Gaben oder gewährten Opfern. *Die Hölle ist von nun an für die Reichen da.*

Um die Ankunft des Messias vorzubereiten, muss das irdische Leben rigorosen Gesetzen unterworfen werden, die zur Formung einer strengen und anspruchsvollen Gesellschaft führen. Nicht um die Bedingungen für ein menschliches Glück zu schaffen, sondern um auf die Ewigkeit vorzubereiten. *Das Gesetz richtet eine menschliche Utopie ein, die als Mittel dient, auf die wahre, göttliche Utopie vorzubereiten.*

Ungefähr zur gleichen Zeit leistet auch Plato bei den Griechen seinen Beitrag zu dieser Verlagerung der Utopie aus der Welt der Toten in jene der Lebenden, indem er die aus dem Osten stammende Vorstellung der Reinkarnation mit der von der Ewigkeit vermengt. Nach seiner Auffassung halten sich die Seelen nach dem Tod nur vorübergehend in einem Paradies oder in einer Hölle auf, unterschiedlich lange, je nach Zahl und Art ihrer Verfehlungen, bevor sie für ein neues, durch den vorherigen irdischen Durchgang vorherbestimmtes Schicksal wieder auf die Erde zurückkommen. Um dem Menschen auf seinem Weg beizustehen und um ihn zur Einhaltung der Kardinaltugenden (Weisheit, Mut, Besonnenheit und Gerechtigkeit) ohne Erwartung einer Gegenleistung anzustacheln, muss die Gesellschaft auf gerechte Gesetze gegründet werden. Wie in der Bibel bleibt die Utopie auf Erden instrumentell.

Im Christentum hängt die Ewigkeit des einzelnen Menschen nicht mehr wie im Judentum von jener der gesamten Gattung Mensch ab, sondern wie bei Plato vom Verhalten vor dem Tode. Für gewisse Christen sind der Hochmütige und der Reiche zur Hölle verurteilt, während der Bescheidene und der Arme ins Paradies aufgenommen werden, welche Verfehlungen sie auch immer begangen haben mögen. Andere wiederum meinen, dass niemand sich dessen sicher sein könne, ins ewige Reich zu gelangen, auch wenn er alle göttlichen Vorschriften befolgt, insbesondere wenn er arm und in Gottesnähe stirbt.

So beginnen mit dem Aufkommen des Monotheismus die bestimmenden Faktoren der Freiheit und der Gleichheit sich mit jenen der Ewigkeit zu vermengen. Eine der schönsten Illustrationen dieses subtilen Übergangs von der göttlichen zur menschlichen Utopie wird im vierten Jahrhundert vom heiligen Augustinus glänzend zum Ausdruck gebracht: «... zwei Staaten (wurden) durch zweierlei Liebe begründet, der irdische durch Selbstliebe, die sich bis zur Gottesverachtung steigert, der himmlische durch die Gottesliebe, die sich bis zur Selbstverachtung erhebt.» Als eine Art Avantgarde, als ein

Zusammenschluss aller Menschen, die die Gnade empfangen haben, um das himmlische Jerusalem vorzubereiten, ist der Gottesstaat eine abstrakte Einheit: irdische Repräsentation des Gottesreiches, eine sich auf Erden im Exil befindende Utopie der Ewigkeit, in einem mystischen Netz all jene vereinend, die sich in der Heiligen Schrift wiedererkennen, um hienieden durch Gerechtigkeit den Frieden aufrechtzuerhalten. Die Utopie wird vollkommen realisiert sein, wenn das Gottesreich und der irdische Staat sich ausgesöhnt haben werden, wenn die Menschheit sich in Gott vereint haben wird. Wenn sie frei entschieden haben wird, Seiner würdig zu sein.

Entstehung der Freiheiten

Solange das Leben eines jeden durch die Erfordernisse der Ewigkeit geregelt ist, wird jedermann Freiheit als Gotteslästerung empfinden. Aber wenn die Völker zusehen müssen, wie die Fürsten alle ihre Launen befriedigen und die Händler sich die Möglichkeit verschaffen, sich ihre Unsterblichkeit zu erkaufen, dann identifizieren sie Glück mit Freiheit und Freiheit mit Eigentum. Man beginnt von offenen Gesellschaften zu träumen, in denen es jedem freistünde, zu kommen und zu gehen, wie er will, seine Meinung zu äußern, zu kaufen und zu verkaufen, an den Entscheidungen der Gemeinschaft teilzunehmen.

Um zu einer Theorie dieses neuen Ideals zu kommen, müssen mehrere Umschwünge gemeistert werden: muss man gelten lassen, dass Macht nicht göttlichen Ursprungs ist, dass sie nicht notwendigerweise unfehlbar ist und dass sie mit Recht gestürzt werden kann. Bevor die jüdischen und griechischen Denker sie formell ausdachten, haben ein paar Menschen im tiefsten Inneren der Reiche wohl von würdigeren Oberhäuptern geträumt, von weniger stumpfsinnigen Ordnungen, von der Freiheit, außerhalb der eigenen Kaste zu lieben, vom Ende der Sklaverei. Der Erfinder der ersten nichtreligiösen Utopie blickte zweifellos von außen auf die Reiche; er hatte darin wohl keinen festen Platz; er erwartete sich auch nichts vom Jenseits, dafür aber alles von einer Welt, wo die Menschen in Freiheit schaffen, reisen und tauschen können würden: der erste Theoretiker der Freiheit war sicherlich ein Nomade, oder zumindest ein Seemann.

Bei den Hebräern und den Griechen gibt sich die Freiheit eine Organisation und wird komplexer. Sie wird vielfältig: Freiheit, außerhalb der Riten zu denken, außerhalb des Clans zu lieben, ohne endgültige Versklavung zu arbeiten, alle Güter zu tauschen, die Natur zu beherrschen und zu verändern. Und darüber hinaus die wichtigste Erfindung: Gesetze zu erlassen, um die Freiheiten zu schützen.

Zur gleichen Zeit, als das jüdische Denken das Recht der Menschen auf die Welt und die Pflicht, die Natur zu beherrschen, organisiert, beginnt sich bei den Griechen der Wunsch zu regen, die Gesellschaft zu durchdenken, sie zu verstehen; sie betrachten sie nicht mehr als vom Himmel aufgezwungenes unabwendbares Schicksal, sondern als eine Erfindung der Menschen, die zu analysieren und sogar wieder in Frage zu stellen zulässig ist: sie wird ein verbesserungsfähiger Artefakt. Die Utopie der Freiheit wird nun durch die Erfindung eines vollkommen neuen Mechanismus zum Ausdruck gebracht, der den Menschen erlaubt, die Gesellschaft kollektiv frei zu verändern: die *Demokratie*. Noch ist diese nur ein Attribut der Krieger, der Priester, der Händler und der Besitzenden, der einzigen Bürger, da sie als Einzige zahlungsfähig und daher als Einzige frei sind. *Freiheit ist privates Eigentum.*

Man findet den Ausdruck dieser Veränderung in der Entwicklung der Rituale und Zeremonien. Seit den Kretern ist ein Fest nicht mehr ausschließlich Gelegenheit zum Beten und zur Suche nach Unsterblichkeit, sondern Vorwand für die Befreiung von den Zwängen des Göttlichen, Ort einer gesungenen, getanzten, gespielten Pantomime, einer anderen, schöneren, lieblicheren und freieren Wirklichkeit, Schein einer Verwirklichung der menschlichen, sozialen und politischen Utopie. Später, in Rom, wird im Karneval dem Fest nicht mehr nur als einem einfachen Schein der Freiheitsutopie Form und Leben verliehen, sondern als einem besonderen Moment, in dem jeder sich unabhängig von den Zwängen der Herkunft, des Alters, des Geschlechts und des Vermögens eine Maske wählen kann.

Während des gesamten ersten Jahrtausends schwankt die Utopie in Europa zwischen der göttlichen Ewigkeit und der der Mächtigen. Unter Konstantin identifiziert sie sich mit jener des christlich gewordenen Römischen Reiches. Danach tauchen halb menschliche, halb göttliche Utopien auf, Männer- und Frauenklöster, theokratische Gemeinschaften, die das Gottesreich auf Erden mimen, um dessen Kommen zu beschleunigen. Im Feudalismus tritt ein anderes, aus elitärer Freiheit, Gleichheit und Brüderlichkeit gefertigtes Ideal auf den Plan: das *Rittertum*, das jedem Tapferen die Unsterblichkeit durch den Ruhm des Namens sichert.

Mit dem Aufkommen der ersten Märkte wird das Gelobte Land wahrhaftig menschlich; die Suche nach dem Gottesreich wird ersetzt durch jene nach Freiheiten: freier Handel, freies Denken, freie Kunst, freies Vermögen, freies Eigentum.

Gegen die feudale Wirtschaft und ihre Zwänge richtet sich der Markt langsam als der vollkommenste Ausdruck der Freiheit ein. Jene, die da arbeiten, betrachten sich als zur Vorhut einer neuen Welt gehörend. Der Händler wird frei, einen Namen zu tragen, Besitzer zu sein, sich ein Vermögen zu erwerben, und bald kann er in der Stadt, die dem Einfluss des Klosters und des Feudalherren entkommen ist, frei über das Schicksal der Gemeinschaft entscheiden.

Der Markt spielt sich auf diese Weise zum neuen Naturgesetz auf und verwirklicht eine ideale Ordnung für jeden, eine Ordnung, für deren Einhaltung durch die Befreiung von den feudalen und korporativen Zwängen und durch den Schutz vor den aus ihr Ausgeschlossenen gesorgt werden muss. Ein pragmatischer Zusammenhang zwischen Privateigentum und individueller Freiheit, zwischen wirtschaftlicher und politischer Freiheit der Eigentümer entsteht nun.

Die allgemeine Verbreitung der Schrift, die schon seit langem ein Mittel zur Weitergabe geheiligter Worte war, erlaubt es nun, ein neues Recht durchzusetzen, das sich vom göttlichen Recht absetzt: Die Schrift ist nicht mehr ausschließlich auf die Heilige Schrift beschränkt. Ihre Herrschaft beginnt mit der Geburt des Romans, der *per definitionem* die Erzählung einer Reise zu einem idealen Ort hin darstellt. Der erste dieser Romane, der im zwölften Jahrhundert auf Basis von keltischen Quellen des vorhergehenden Jahrhunderts in französischer Sprache geschrieben wurde, besingt folgerichtig eine ritterliche Utopie: die Reise zum Hofe des Königs Artus, eines mythischen keltischen Königs des sechsten Jahrhunderts. Andere werden folgen, bis hin zum *Don Quichotte* von Cervantes, in dem ausschließlich von der Utopie die Rede ist und davon, wie man sie leben kann; der Roman ist zugleich eine Kritik an dem vom aufkommenden Kapitalismus überrumpelten ritterlichen Ideal und ein Loblied auf alle Träumer der Welt – auf all jene, die hartnäckig auf ihre Freiheit zuschreiten.

Von nun an sind die Utopien nicht mehr ausschließlich Mythen oder theologische Kommentare, sondern von identifizierbaren Laien, Denkern, Händlern, Schurken oder großen Feudalherren verfasste Bücher.

All diese pragmatischen Erfahrungen laufen im Jahre 1625 zusammen im Urtext aller Freiheitsutopien: dem *De jure belli ac pacis* von Grotius, das verkündet, dass der Mensch nicht irgendeinem x-beliebigen göttlichen Gesetz gehorchen darf, sondern die für seine Zeit am besten passenden Gesetze wählen und die Kompatibilität zwischen wirtschaftlichem Liberalismus und politischer Freiheit, Markt und Demokratie, Privateigentum und Allgemeininteresse organisieren muss.

Nun beginnt einer der seltenen Momente, in denen das Niederschreiben von Utopien mit ihrer Umsetzung verflochten wird, wo die Handlungen die Strategien über den Haufen werfen, wo die Völker ihre wagemutigsten Theoretiker überholen.

Ab der Mitte des 17. Jahrhunderts erklären drei große englische Denker, Hobbes, Locke und Smith – jeder auf seine Weise –, dass Glück immer egoistisch und Freiheit von der privaten Aneignung der Güter untrennbar ist. Dass also die erste der Freiheiten, jene des Handels, mit dem Eigentumsrecht und den Mitteln, es zu garantieren, fest verbunden ist.

Aber sie sind sich nicht einig über die Vereinbarkeit des wirtschaftlichem Liberalismus mit den politischen Freiheiten.

Im Jahre 1651, auf dem Höhepunkt der Cromwellschen Diktatur, sieht Hobbes, überzeugt davon, dass der Mensch aufgrund seines Egoismus bereit ist, alles zu tun, um sich zu bereichern, und dass nur die Angst ihn davon abhalten kann, die Freiheit zu missbrauchen, keine andere Möglichkeit für das effiziente Funktionieren des Marktes als eine politische Diktatur.

Im Jahre 1690, kurz vor der Schaffung der Bank von England, versucht Locke das Gegenteil zu beweisen, nämlich dass nur die vom griechischen Denken ererbte parlamentarische Demokratie es dem Güter- und Dienstleistungsmarkt ermöglicht, korrekt zu funktionieren. Für ihn ist *«die Liebe zum Reichtum vorteilhaft für die Gesellschaft, wenn sie richtig gelenkt wird, während die Wohltätigkeit eher schädlich ist, denn sie fördert die Faulheit»*. Er stellt sich eine Gesellschaft vor, in der die Freiheit zugleich durch das Marktgesetz in Bezug auf die privaten Entscheidungen und die Wahl eines Parlaments für die kollektiven Entscheidungen ausgeübt würde.

1776, im Jahr der Unabhängigkeitserklärung der Vereinigten Staaten von Amerika, formuliert Adam Smith die Bedingungen für das Funktionieren des freien Marktes klarer und detaillierter. Gleichzeitig misst Bentham das Glück des Menschen am Geld, das er besitzt. Andere werden bald unzählige Versionen des Liberalismus anbieten, entsprechend dem Akzent, den sie auf die eine oder die andere Dimension der neuen Elite legen: Handel, Industrie, Finanz oder Technik.

Aber schon sehr bald stimmt etwas nicht mehr in dieser Utopie. Sogar die egoistischsten Händlern der Renaissance oder die optimistischsten amerikanischen Abenteurer stellen jeden Tag auf allen Märkten und in allen Häfen fest, dass der Markt nicht die Bedingungen für die Freiheit aller schafft, dass er die Massen der Bauern und Arbeiter ins Elend zwingt. Schlimmer noch, vom Standpunkt der Reichen gesehen bringt der Markt, indem er Arme schafft, ihre eigene Freiheitsausübung in Gefahr, in erster Linie ihr Recht auf Besitz. Man muss im richtig verstandenen Interesse der Freiheit die Utopie also noch weiter zur Gleichheit hin orientieren.

Geschichte der Gleichheit

Wie die beiden vorigen Ideale ist auch dieses vor mehreren Jahrtausenden unter Nomaden entstanden. Um unterwegs sein zu können, durften sie sich nicht mit Gütern beschweren, und über Privateigentum machten sie sich kaum Gedanken. Sie konzipierten ihre Welt als ein Universum Gleicher und verwendeten oft dasselbe Wort für «mein» und «dein».

Dann verschwand die Gleichheit in den um Hierarchien herum organisierten Feudalreichen. Sie tritt erst wieder mit dem griechischen Nachdenken über die beste Gestaltung der menschlichen Gemeinschaft auf den Plan, allerdings auf beiläufige Weise. Denn wenn die *Demokratie* vor allem ein Attribut der Freiheit ist (das Recht der Gemeinschaft, frei über ihr Schicksal zu entscheiden) und wenn sie auch den freien Menschen vorbehalten ist, den Besitzenden, so unterliegt sie doch zusätzlich dem Prinzip der Gleichheit (ein Mann, eine Stimme).

Die Forderung nach Gleichheit behauptet sich schließlich im Monotheismus, der die Rechte auf die Ewigkeit nivelliert, indem er sie allen zuerkennt, seien sie nun Arme, Fürsten, Krieger oder Priester, und der die Gelegenheit zu einem ersten Nachdenken über die Unzulänglichkeiten der Freiheit liefert: Um die zwölf aus der Sklaverei befreiten Stämme für die Anbetung des Goldenen Kalbes zu bestrafen, um sie daran zu hindern, eine Ausbreitung der Ungerechtigkeiten im Gelobten Land zuzulassen, definiert das Gesetz ganz genau die Bedingungen, unter denen die Stämme den Boden und die Pflichten in Kanaan zu gleichen Teilen aufteilen sollen; es verlangt die Brachlegung des Landes alle sieben Jahre und seine Rückgabe an die ursprünglichen Besitzer alle neunundvierzig Jahre. Um die Restarmut auszurotten, erhebt es die Solidarität zur unabdingbaren Erfordernis, kategorischer noch als jede religiöse Pflicht. Die Gleichheit wird zum wichtigsten Instrument im Dienste der Ewigkeit.

Dennoch erweist sich diese erste egalitäre Utopie im achten Jahrhundert vor unserer Zeitrechnung, kaum dass sie im Reiche Davids praktisch angewendet worden war, als nicht realisierbar. Ihre strengen Prinzipien werden so wenig eingehalten, dass die Ungleichheiten sich häufen und das Reich weniger als zwei Jahrhunderte nach seiner Gründung zusammenbricht. Jesaja schreibt zu der Zeit: «Wehe denen, die ein Haus zum andern bringen und einen Acker an den andern rücken, bis kein Raum mehr da ist und sie allein das Land besitzen!» Das heilige Gesetz wird wieder zu einer egalitären Utopie, einer nostalgischen diesmal, für ein Volk, das erneut zerstreut wurde, das die Erinnerung an sein Scheitern mit sich herumträgt und auf eine neue Chance wartet.

Im Neuen Testament sind alle Menschen auch gleich vor Gott, weil sie es bei ihrer Geburt und im Tode sind, und weil – ein neues Argument – Gott selber in drei Personen gleich ist. In seiner Schwäche und zwangsläufigen Demut ist der Arme sogar der Liebling Gottes, während der Reiche sich von ihm durch Hochmut entfernt: «Tut wohl und leihet, wo ihr nichts dafür hoffet, so wird euer Lohn groß sein», sagt Lukas. Und

Markus droht: «Wie schwer werden die Reichen in das Reich Gottes kommen!»

Das gesamte erste Jahrtausend der christlichen Zeitrechnung ist durchzogen von Apokalypsen, Denunzierungen, Drohungen, Prophezeiungen, Protesten gegen das Elend, einer akribisch genauen Zurückweisung der Ungerechtigkeit, manchmal sogar einer Ablehnung und strengen Verfolgung aller Unterschiede.

Ab dem sechsten Jahrhundert lösen die religiösen Ordensgemeinschaften diese egalitäre Forderung in den Klöstern ein, wo alles einheitlich und unterschiedslos in der Armut ist.

Ab dem dreizehnten Jahrhundert ist die Warengemeinschaft durch jene bedroht, welche das Land nicht mehr ernährt, und durch jene, welche die Stadt noch nicht ernährt.

Die Reichen bekommen Angst. Sie lassen sich vom egalitären klösterlichen Eingeschlossensein inspirieren und pferchen die Armen in Fabriken und Spitälern zusammen. Gleichheit wird zu einem polizeilichen Werkzeug.

Andere gehen viel weiter und stellen sich komplette geschlossene Gesellschaften vor, in denen es weder Reiche noch Arme gibt. Klostergemeinschaften gewissermaßen, in denen alle, verständige und gottgläubige Männer und Frauen, das gleiche Einkommen hätten, die gleichen Kleider tragen, die gleiche Macht ausüben, die gleichen Kenntnisse erwerben, manchmal sogar eine gleiche Sexualität leben und einen identischen äußeren Anblick bieten würden. Autistische, kontrollierte, zensierte Gesellschaften, in denen jeder Unterschied, jede Abweichung eine Gotteslästerung darstellen würde, wo jeder gegen Neid und Eifersucht durch die Erziehung gewappnet würde.

Die erste dieser Utopien – möglicherweise die wichtigste – schlägt im Europa des sechzehnten Jahrhunderts ein wie eine Bombe: Thomas Morus, ein großer englischer Feudalherr, einflussreicher Ratgeber Heinrichs VIII., publiziert 1516 ein kleines Buch auf Latein, *De optimo reipublicea statu deque nova insula Utopia*. Um 1496 begonnen, erst 1551 ins Englische übersetzt, wird dieser Essay gewaltige Auswirkungen auf die europäische Ideengeschichte haben.

Nicht nur wegen der Persönlichkeit seines Autors, eines mächtigen und rebellischen Mannes, eines großen Mystikers und kritischen Intellektuellen, der es wagt, für die Armen seines Landes Partei zu ergreifen («Was sonst können sie tun als stehlen und dann ganz legal gehängt werden, oder betteln gehen, weil niemand auf der Welt ihnen Arbeit geben will?»); auch nicht nur deswegen, weil er das Wort *Utopia* als Bezeichnung für das imaginäre Land erfindet, in dem er die Gesellschaft ansiedelt, von der er träumt; sondern vor allem, weil er mit grimmigem Humor und voller destruktiver Bitterkeit erzählt, wie eine Revolution in einer selbstverständlich imaginären Gegend die großen Grundeigentümer zugunsten der Gemeinschaft enteignet hat, wie der Reichtum für alle gleich geworden ist, wie jeder das Wahlrecht, das Recht auf Zugang zur Kunst, das Recht auf sechs Stunden Arbeit pro Tag mit einer wechselnden Aufgabenteilung erhalten hat.

Thomas Morus, der erste Analytiker der sozialen Klassen, ist auch der erste in der modernen westlichen Welt, der eine radikale Revolution konzipiert und projektiert. Auch wenn nach ihm viele andere imaginäre Reisen anbieten werden, so werden doch nur wenige einen vergleichbaren Einfluss auf das kollektive Imaginäre ausüben. Morus, eine überragende

Gestalt, vielleicht eine der größten des Jahrtausends, hat es gewagt, das Kommen einer Gesellschaft auf Erden anzukündigen, in der alle Männer und alle Frauen gleich viel wert sind. Und er hatte den Mut zu erklären, dass eine solche Gesellschaft – auch wenn sie vielleicht nicht hier und jetzt möglich war – sich doch zumindest vorstellen ließ und auf diese Weise plausibel, einforderbar werden konnte.

Der so sprach, war kein unwissender Rebell, sondern der größte Feudalherr seines Landes, außerdem mutig genug, sich lieber für den Tod zu entscheiden als seinem Glauben abzuschwören. Andere werden sich später, manchmal ohne es zu wissen, an ihm orientieren, indem sie für Gerechtigkeit und Angemessenheit schreiben, handeln und sterben.

Dies ist zuerst der Fall bei Tommaso Campanella. Obwohl niemand von seinem englischen Vorbild weiter entfernt sein konnte als dieser kalabresische Mönch, Sohn eines Arbeiters, ein Dichter und Abenteurer, so träumte doch auch er von der Errichtung einer idealen Gemeinschaft, in der alle Menschen als Gleiche unter Gleichen würden leben können. Aber im Gegensatz zur *Utopia* von Morus ist der *Sonnenstaat* von Campanella eine hierarchisch aufgebaute, repressive, diktatorische Gesellschaft ohne Ausbeutung und Profite. Tommaso fügt gegenüber Thomas außerdem die Verpflichtung zur Mobilisierung der Ressourcen des technischen Fortschritts hinzu, um die Mühsal der Menschen zu verringern (er träumt zum Beispiel von Schiffen mit Rädern). Er bietet auf diese Weise die erste verbesserungsfähige Utopie an, eher eine versprochene Utopie als eine herauskristallisierte.

Nach ihm gibt es keine einzige Utopie, die sich nicht aus den Versprechungen der Wissenschaft speisen würde. 1621 stellt sich Thomas Burton in *seiner Anatomie der Schwermut* vor, was ein moderner Staat sein könnte, der große Bauprojekte und die Wissenschaft dazu nutzen würde, allen Arbeit zu verschaffen. Ein wenig später beschreibt Francis Bacon in seinem *Neu-Atlantis* eine Gesellschaft, deren ganzes Bestreben es ebenfalls ist, die Möglichkeiten der Wissenschaft zu realisieren; er ahnt die Genetik voraus und schlägt vor, alles Wissen in einem einzigen wissenschaftlichen Institut zu vereinen.

Zu dieser Zeit gehört die Macht in den Städten des Kontinents von Genua bis Amsterdam zwar nicht mehr den Adeligen, aber auch nicht den Gelehrten. Die reichsten Händler setzen gegen die Anderen die Verfolgung ihres im Markt inkarnierten Freiheitsideals durch. Und ihre Opfer, kleine durch sie ruinierte Landeigentümer, fordern nun Demokratie und versuchen auf diese Weise ihre verlorene Freiheit wiederzugewinnen. Eine erste Konfrontation zwischen Demokratie und Markt ...

Um 1640 herum begründet eine Gruppe von Kaufleuten und kleinen Landeigentümern die *Levellers* («Gleichmacher»), die erste politische Bewegung, die die Legitimität der königlichen Macht bestreitet: Inspiriert von Thomas Morus träumen sie von einer «christlichen Gesellschaft», in der nicht nur die Unterwerfung der Könige und Königinnen unter das Gesetz dekretiert würde, sondern auch das Ende der Sondergerichtsbarkeit und die Handelsfreiheit; es sollte dort sogar eine egalitäre Republik errichtet werden, in der jeder, gleich ob Mann oder Frau, ob Besitzender oder nicht, das Wahlrecht für die regelmäßig abgehaltene Wahl der Abgeordneten erhalten sollte.

1648, auf dem Höhepunkt des Konfliktes zwischen Cromwell und der englischen Monarchie, reklamiert die extremistischste Gruppe der Oppositionellen, die *Digger* («Grabende»), die Abschaffung des Privateigentums und Gefängnisstrafen für die Besitzenden. Beide Gruppen scheitern in einem Blutvergießen. Zwei Jahre später ist die Republik abgeschafft und die Monarchie wieder eingerichtet. Der Markt hat den Sieg über den Traum von der Demokratie davongetragen.

Andere nehmen den Kampf wieder auf. In einem erschreckend klarsichtigen Buch, 1726 geschrieben, stellt sich Swift den Besuch fremder Welten durch einen Riesen vor. In einer von ihnen leiden die unsterblich gewordenen Menschen an einer ewig wachsenden Senilität. In einer anderen haben die guten Tiere degenerierte Menschen domestiziert, die Yahoos, die es trotz ihres Wissens und ihres Sinnes für den Handel nur zu Bettelei und Landstreicherei gebracht haben, weil es ihnen nicht gelungen war, sich von ihrem Hauptlaster, dem Hochmut, zu lösen.

1721 beschreibt Montesquieu in seinen *Persischen Briefen* ein Volk, die Troglodyten, die von Natur aus in absoluter Gleichheit leben: «Das Volk der Troglodyten sah sich als eine einzige Familie: die Herden waren fast immer vermischt; die einzige Qual, die man sich aber gewöhnlich ersparte, war es, sie zu trennen.» Rousseau wird ebenfalls seine Sehnsucht nach einem Naturzustand behaupten, «wo die Früchte allen gehören und die Erde niemandem». Und laut Jacques Brissot de Warville kann Gleichheit nur wieder hergestellt werden, indem man die Freiheiten reduziert und zum Naturzustand zurückkehrt, in dem das Eigentum kollektiv war.

Aber Gleichheit macht Angst. Und das Abenteuer der *Digger*

hat alle Geister zutiefst beeindruckt. Viele von denen, die gegen die Ungleichheiten protestierten, ziehen in Wahrheit die Freiheit der Gleichheit vor. Montesquieu fordert ebenso wie Locke diese Wahl ein: Ungleichheit ist weniger gefährlich als Despotismus; Gleichheit muss sich auf ein «gleiches Recht auf Freiheit», auf Leben, auf Reichtümer beschränken. Und um Freiheit und Gleichheit miteinander auszusöhnen, schlagen sie vor, dass man sich an die *Demokratie* halten solle, die sie jetzt, da sie den Schutz der Freiheit mit dem der Unversehrtheit eines Territoriums verbinden wollen, *Republik* nennen.

Andere ziehen jedoch immer noch Gleichheit der Freiheit vor. Da Freiheit ganz offensichtlich Ungleichheiten anwachsen lässt, muss man, sagen sie, die Freiheiten während der paar Generationen, die es brauchen wird, um die Eliten umzuerziehen und den Hochmut zu eliminieren, einschränken. Manch andere wiederum schlagen eine ewige Zensur in Bezug auf jeglichen Ausdruck von Freiheit vor, die ein Hindernis für die Gleichheit darstelle.

Indem er diese These Mitte des achtzehnten Jahrhunderts entwickelt, legt der erstaunliche Morelly eine totalitäre Utopie dar, an der sich viele Akteure der Französischen Revolution und später der sozialistischen Bewegung orientieren werden. Für ihn sind Freiheitsdrang und Egoismus (in all seinen Formen, vom Geiz bis hin zur Gleichgültigkeit) so stark, dass der Mensch von sich aus keine Gleichheit wollen kann. Man muss sie ihm aufzwingen, ihn dazu zwingen, das gleiche Recht der Anderen auf Glück zu akzeptieren, indem man die Herrschaft dessen einrichtet, was Morelly ein *Gesetzbuch der Natur* nennt: eine alle Kinder umfassende staatliche nichtkonfessionelle Erziehung, die sie von Egoismus und Besitzdenken befreit und die Rolle der Familien einschränkt; eine Planwirtschaft, in der Arbeit und Kleidung per Dekret verteilt werden, wo der Handel verboten und die Arbeit in der Landwirtschaft im Alter zwischen zwanzig und fünfundzwanzig Jahren obligatorisch ist und wo alles Vermögen zu öffentlichem Eigentum geworden ist. Laut diesem *Gesetzbuch* erhält jeder Bürger seinen Lohn von der Gesellschaft, er beteiligt sich nach Kräften am Gemeinnutzen und übt politische Macht nach dem Rotationsprinzip aus.

Bei Morelly schlummert wie bei allen künftigen Diktaturen die Lüge im Herzen der totalitären Ordnung: Sein *Gesetzbuch* ist eben kein Gesetzbuch der Natur, sondern ganz im Gegenteil das Produkt einer gewollten Konstruktion, ein politischer Artefakt, der antiphrastisch als «natürlich» bezeichnet wird. Seine Bücher, *La Basiliade* und vor allem das *Gesetzbuch der Natur (Le Code de la nature)*, 1755 publiziert, werden Rousseau, Diderot, die Jakobiner und die sozialistische Bewegung bis hin zu Fourier und Marx beeinflussen; Tocqueville, der skeptische Visionär, der Anti-Utopist par excellence, wird darin nicht ohne einige Emphase die Matrix aller Totalitarismen sehen.

Einer der Anhänger von Morelly, Abbé Mably, wird sein radikales Werk fortschreiben. Er ist eine merkwürdige Persönlichkeit, zugleich Sekretär eines Ministers des Regenten, Diplomat und radikaler Revolutionär mit hohen Ansprüchen, der einen Sitz in der Académie française ablehnt, «um nicht eine lügnerische Lobrede halten zu müssen». 1768 beschreibt er in seinen *Zweifeln über die natürliche und grundlegende Ordnung der Gesellschaften* eine egalitäre Gesellschaft, deren Grundlage – im Gegensatz zu Morellys Modell – die Familie sein sollte, denn «die Befehlsgewalt des Vaters ist uneigennützig und das Gehorchen der Kinder freiwillig».

Kurz nach ihm, im Jahre 1770, wird einer seiner Nachahmer, Louis-Sébastien Mercier, mit der Publikation des ersten wirklichen Science-fiction-Romans einen gewissen Erfolg erzielen. In diesem Buch mit dem Titel *Das Jahr 2440* wird eine blühende und egalitäre Menschheit, die unter die Herrschaft der Vernunft und des Gewerbes gestellt ist, von einer wohlwollenden Macht verwaltet, von der all jene ferngehalten werden, die außerhalb der offiziellen Lehre denken wollen: eine neue Apologie der Abschließung, der Zensur und des Totalitarismus als Werkzeuge der Gleichheit.

Am Ende des achtzehnten Jahrhunderts vertiefen die wirtschaftlichen Krisen und der industrielle Fortschritt die Ungleichheiten überall in Europa. Die Marktgesellschaften erzittern in ihren Grundfesten. Man muss sich für ein Lager entscheiden. Voltaire und Rousseau finden sich mit den Ungleichheiten ab. In seinem *Philosophischen Wörterbuch* verkündet Ersterer: «Es ist auf unserem unglücklichen Globus unmöglich, die Teilung der in einer Gesellschaft lebenden Menschen in zwei Klassen zu verhindern – in die der Unterdrücker und in die der Unterdrückten.» Was Zweiteren angeht, so schlägt er einen *Gesellschaftsvertrag* vor, laut dem tolerierte Ungleichheiten die Ausübung der Freiheit ermöglichen.

Umgekehrt behauptet Condorcet, dass die «tatsächliche» Gleichheit der politischen Rechte das «höchste Ziel der gesellschaftlichen Kunst» ist.

Von nun an ist der Kampf der Utopien kein intellektuelles Spiel mehr. Die Kanonen donnern, die Trommler schlagen, die Völker grollen. Bald wird man für Utopien in den Tod gehen.

Utopien am Werk

Die Utopien werden zuerst in Amerika in die Praxis umgesetzt, einem Neuland, einer *terra incognita,* so wie Thomas Morus sie sich erträumte. Lange bevor Alexis de Tocqueville dort die Zukunft der Welt sieht, wird Amerika zur *Utopie der Gleichheit im Süden und der Freiheit im Norden.*

Zu Beginn des siebzehnten Jahrhunderts gründen Jesuiten zum Zwecke des Schutzes der Guarani-Indianer vor den Sklavenhändlern «Reduktionen», eine Art idealer Siedlungen, die Thomas Morus und dem, was die Konquistadoren von der Ordnung der Inkas übrig gelassen hatten, nachempfunden waren. Der Religionsunterricht geht dort einher mit einem kollektiven Besitz der Produktionsgüter und einer gnadenlos strengen sozialen Organisation. Die Indianer stellen ausgezeichnete Versuchskaninchen dar. Bis Rom schließlich so weit in Unruhe versetzt ist, dass der Orden im Jahre 1768 von allen spanischen Territorien verjagt wird, was gleichzeitig das Ende dieses ersten Experiments einer in die Praxis umgesetzten egalitären Gesellschaft bedeutet.

Zur gleichen Zeit erträumen in Virginia englische, französische und holländische Emigranten die Gründung einer vom feudalen europäischen Dunkel befreiten Gesellschaft freier Menschen. Wie die Utopie der Gleichheit im Süden kann jene der Freiheit im Norden nur auf Grundlage einer Amnesie errichtet werden. Die neuen Staatsangehörigen stellen sich vor, sie könnten reinen Tisch machen und mit den Kolonisatoren brechen. Aber sie werden sich in einer viel prosaischeren Frage durchsetzen: hinsichtlich der Höhe der an die britische Krone zu entrichtenden Steuern …

Alle Reflexionen der vorhergehenden Jahrhunderte über die Freiheit werden dann plötzlich ein Ergebnis zeigen. Innerhalb von drei fieberhaften Dezennien werden sie in einer ungeheuren Blütezeit von Texten und Verfassungen zusammenlaufen, deren wesentliche Inhalte in den Dokumenten von Jefferson und in den Diskussionen von Philadelphia enthalten sind, bis hin zur Unabhängigkeitserklärung von 1776. Diese beginnt mit der Proklamation des Rechtes auf «Leben, Freiheit und das Streben nach Glückseligkeit …» Damit ist alles gesagt.

Zur gleichen Zeit kündigt sich in Frankreich die Revolution nicht als Resultante zusammenlaufender Hoffnungen an, sondern ganz im Gegenteil als ein Aufeinanderprallen dreier widersprüchlicher Utopien: einer reaktionären und nostalgischen der vom Aufstieg der Städte gebrochenen Bauern, die eine sich permanent reproduzierende ewige Ordnung wiederherstellen wollen; einer liberalen der Bürger, die Handel treiben und ihre Meinung frei äußern wollen; und einer letzten, radikalen der Arbeiter, die davon träumen, Bürgertum und Adel zu stürzen.

Die Bürger bestimmen die Anfänge der Revolution, und in der Erklärung der Menschenrechte von 1789 geht Freiheit vor Gleichheit: «Die Menschen werden frei und gleich an Rechten geboren.» Im Gegensatz dazu verkündet die gemeinsam von den Girondisten und der Bergpartei (im Wesentlichen von Condorcet und Robespierre) redigierte Erklärung von

1793 zuerst die Gleichheit und dann «Freiheit, Sicherheit, Eigentum». In ihrem ersten Artikel wird verkündet, dass das Ziel jeder Gemeinschaft das «allgemeine Glück» ist und dass die Regierung eingesetzt wird, um «dem Menschen den Genuss» seiner Rechte, das heißt, ihm zumindest – nach dem sonderbaren Ausdruck, den Robespierre später verwenden wird – «ehrbare Armut» zu garantieren.

Im Übrigen sind sich die Autoren der Erklärung von 1793 nicht wirklich einig: Die Girondisten wollen eine «grenzenlos freie» Gesellschaft, während die Bergpartei von einer Republik träumt, in der sich alle Bürger als Mitglieder einer Familie betrachten würden, mit einer Garantie auf das «Recht auf Leben [...] genauso heilig wie das Leben selber» für jeden, auch wenn man dafür das Eigentumsrecht antasten muss. Die Radikalsten unter ihnen reklamieren ein Gratisschulwesen und die Verstaatlichung der Banken; der «niedrige Lohn» und die «kleinen Ersparnisse» der Armen würden dann «um so geheiligtere» Besitztümer darstellen, als «das Interesse an der Erhaltung der Sache proportional zur geringen Höhe ist»; die Guthaben der Reichen würden nur dann geschützt, wenn diese sich dazu bereit erklärten, als «Brüder der Armen» zu «Haushaltern der Gesellschaft» zu werden. Und da es wahrscheinlich ist, dass sie dies nicht tun werden, muss man durch Schreckensherrschaft «die Reichen zur Ehrlichkeit zwingen». Was der Historiker Albert Soboul recht hübsch als den «Despotismus der Freiheit» bezeichnen wird.

Trotz der Niederlage von Robespierre, der zu den Extremisten gehörte, treibt der Vermesser François Babeuf, genannt Gracchus, die egalitäre Utopie bis ins Extrem. Von revolutionären Christen wie dem Abbé Boissel und Jacques Roux inspiriert, bereitet er einen Staatsstreich vor, der die Errichtung einer Diktatur mit einem schnell zum Ziel führenden Programm ermöglichen soll: kollektive Aneignung aller Güter, Verbot des Handels, Abschaffung des Geldes, Arbeitspflicht, garantierter Lebensunterhalt für alle, gleiche Unterkunft für alle, Zerstörung der existierenden Städte (bis zur Errichtung neuer «werden die Armen noch am Tage der Revolution in den Wohnungen der Reichen untergebracht»).

Als die Revolution in den Ungereimtheiten des Direktoriums zu Ende geht, wird sie es auf dem Gebiet der Gleichheit nur zu einer Umverteilung des Bodens zwischen den kleinen Bauern und zu einigen prophetischen, aber kaum angewendeten Gesetzen zu Ausbildung, Gesundheit und Gleichheit vor den öffentlichen Diensten gebracht haben.

Die Revolution geht dann mitsamt der Idee der Republik in den Anforderungen der napoleonischen Kriege unter.

Geburt des Sozialismus

Das ganze neunzehnte Jahrhundert hindurch, in einer Zeit, als die Besitzenden sich langsam ein paar Freiheiten erobern – zuerst auf dem Gebiet des Handels, dann auf dem der Politik –, bewirken Elend und Nichtwissen eine Neuerweckung der Gleichheitsideale von Morus, Campanella, Morelly und der Bergpartei. Überall in Europa und in den Vereinigten Staaten basteln militante Arbeiter (wie der Schlosser Moreau, der Schneider Grignon, der Schriftsetzer Leroux, der Schmied Gosset), moderne Arbeitgeber wie Robert Owen, Intellektuelle wie Joseph Fourier oder Claude-Henri de Saint-Simon, Katholiken wie Lamennais und Ozanam an Projekten für mehr oder minder egalitäre Gesellschaften. Als Sammelbezeichnung dafür drängt sich seit seinem Auftauchen in einem Brief von Edward Oppen an Robert Owen ein Name auf: *Sozialismus.* Zur gleichen Zeit erfindet Cabet in seiner *Reise nach Ikarien* eine Formel, die ebenfalls einen nachhaltigen Eindruck hinterlassen wird: «Jedem nach seinen Bedürfnissen.»

Diese Projekte werden von ihren pragmatischen Initiatoren nahezu umgehend in die Praxis umgesetzt, man wartet nicht einmal ihre gesetzliche Verankerung ab. 1808 proklamiert Fourier das Ende des Arbeitnehmerstatus, den Beginn der Selbstverwaltung, die Vorrangstellung der Landwirtschaft vor der Industrie; er schlägt gleichzeitig die Schaffung von

Sparkassen vor und empfiehlt die Vereinigung der Arbeiter ihren jeweiligen Bestrebungen entsprechend in *Phalansterien*, autonomen, agrarisch orientierten Wohn-, Lebens- und Produktionsgemeinschaften, die allen gemeinschaftlich gehören sollen. Im gleichen Schwung prophezeit er das unmittelbare Bevorstehen so entscheidender wissenschaftlicher Fortschritte wie der «Entdeckung eines sechsten Sinnes bei allen Menschen» und einer «nördlichen Säure», die dem Meer einen Limonadegeschmack verleihen würde! ...

Im Jahre 1814 zeichnet der amerikanische Industrielle Robert Owen die Pläne von *New Lanark*, einer idealen Arbeiterstadt, dann lässt er sie bauen und richtet dort die ersten Produzenten- und Konsumentenkooperativen ein, die er «Kooperationsdörfer» nennt.

Proudhon, der «das Eigentum auf kleiner Flamme verbrennen» will, schlägt vor, ohne Übergang vom Kapitalismus in eine zugleich egalitäre und libertäre Gesellschaft umzuschwenken. Als die Revolution von 1848 für einige Monate die utopischen Energien freisetzt, schreitet er zur Tat, und es gelingt ihm, ungefähr dreitausend Kooperativen zu schaffen, die alle innerhalb von weniger als zehn Jahren wieder verschwinden werden. Im folgenden Jahr schafft Louis Blanc, der erste Sozialist, der jemals Mitglied einer Regierung wurde, «nationale Werkstätten» und setzt damit den ersten konkreten Akt einer kollektiven Aneignung der Industrie, die mehr als drei Jahrhunderte vorher von Thomas Morus angekündigt worden war. Auch da wird die Erfahrung von kurzer Dauer sein.

Ein Zeitgenosse von ihm, Claude-Henri de Saint-Simon, bleibt Träumen verhaftet: Er stellt sich «eine von der Vernunft regierte Welt» vor, wo jeder seinen Beitrag «zur Verbesserung der ärmsten Klasse in moralischer und körperlicher Hinsicht» leisten würde. Seinen Vorschlägen nach soll die wirtschaftliche Macht in jedem Land den nach ihren Meriten organisierten Unternehmenschefs übertragen werden und die geistige und politische Macht der Akademie der Wissenschaften zufallen. Die Welt soll von einem *Newtonschen Rat* regiert werden, bestehend aus einundzwanzig von allen Menschen gewählten Gelehrten, unabhängig vom Kriterium der Staatsangehörigkeit. Die erste globale Utopie ...

Marx wird die Idee wieder aufgreifen. Allerdings ist er kaum Utopist und viel stärker daran interessiert, die Unausweichlichkeit des Sieges des Sozialismus zu beweisen als dessen allerhöchste Ausformung zu beschreiben. Für ihn wird der Weltkapitalismus nach dem durch die Französische Revolution beschleunigten Zusammenbruch des Feudalismus prosperieren, bis er an seinem eigenen Wachstums zugrunde gehen und seinen Platz einer weltumspannenden sozialistischen Gesellschaft überlassen wird: «Das Bedürfnis nach einem stets ausgedehnteren Absatz für ihre Produkte jagt die Bourgeoisie über die ganze Erdkugel. Überall muss sie sich einnisten, überall anbauen, überall Verbindungen herstellen.» In seinen Jugendschriften unterscheidet er zwischen der realen und der formalen Freiheit – einer durch die sozialen Beziehungen fabrizierten Illusion – und träumt von der «Abschaffung des Privateigentums, der Schaffung eines neuen, allseitig entwickelten, mit sich selber und der Natur versöhnten Menschen», einer Gesellschaft, in der die Produzenten in Selbstverwaltung arbeiten würden, wo die Klassengegensätze zu existieren aufgehört hätten und wo die Notwendigkeit einer Diktatur, einer Macht und sogar des Staates verschwunden wäre. Später ist Marx ganz damit beschäftigt zu verstehen, wie man in einem einzigen Land vom Kapitalismus zur provisorischen Diktatur des Proletariats übergehen kann, und hält sich immer weniger bei der Beschreibung dieses in seinen Augen unausweichlichen Ideals auf.

Die egalitären Utopien, egal ob rote oder schwarze, erleben dann eine Blütezeit: anspruchsvolle Demokratien, Übergangsdiktaturen oder fröhliche Anarchie. Ihre Spannweite reicht von der Pariser Kommune bis zur Eisernen Kolonne der Vororte von Barcelona, von Buenaventura Durruti in Madrid bis hin zu Nestor Machno in der Ukraine, ohne den Trotzki den Bürgerkrieg gegen die Weißen Armeen vielleicht nicht gewonnen hätte. Noch heute besitzen diese gescheiterten, oft blutig niedergeschlagenen Versuche im kollektiven Imaginären der sozialistischen Bewegung eine beachtliche Aura: Zumindest ihnen kann niemand ein Umschlagen in den Totalitarismus zum Vorwurf machen.

Denn während dieser Zeit bahnt sich über endlose Debatten zur jeweiligen wirtschaftlichen Effizienz der Gleichheits- und Freiheitsutopien die Einführung der Totalitarismen des zwanzigsten Jahrhunderts an.

Die einen behaupten unter der Führung von Walras und Pareto, sie könnten den Beweis dafür erbringen, dass der Markt nicht nur die perfekteste Form der Ausübung der Freiheit in der Wirtschaft darstelle, sondern dass er auch die effizienteste Aufteilung der Ressourcen und die beste Zufriedenstellung der Konsumenten erlaube.

Die anderen erwidern unter der Führung von Bucharin und Lenin, dass der Markt ganz im Gegenteil aufgrund der Privataneignung der Profite nur zu Ungleichgewichten führen könne, das heißt zu Verschwendungen und Arbeitslosigkeit. Durch die zentrale Planwirtschaft werde es möglich sein, die Ressourcen zwischen den Unternehmen und den Arbeitenden effizient aufzuteilen.

Diese Doktrinen stellen zunächst die Basis des sowjetischen Sozialismus dar. Obwohl Lenin einen Staatskapitalismus nach preußischem Modell verwirklichen und auf diese Weise einen Akteur auf dem Markt neben anderen schaffen möchte, verstaatlicht Stalin die gesamten Produktionsmittel, wobei er alle Marktakteure, die gefährlichen sozialen Klassen, physisch eliminiert und die Utopie in einen Albtraum verwandelt.

Zur gleichen Zeit zwingt der Nationalsozialismus in Deutschland die egalitäre Ideologie zu einem anderen Extrem hin, wobei sie sich ebenfalls auf das preußische Modell bezieht, in diesem Fall aber nicht materielle Gleichheit suchend, sondern ethnische Gleichförmigkeit.

Der Zusammenbruch dieser beider Totalitarismen hätte dazu führen müssen, dass überhaupt nie mehr vom Sozialismus die Rede sein durfte. Dies war nicht der Fall. Durch ihre konkreten Erfolge in Westeuropa ermutigt, setzt sich die unter dem Namen «Sozialdemokratie» pragmatisch gewordene egalitäre Utopie das Ideal, gleichzeitig Fortschritte in den Bereichen der Demokratie und der *Gleichheit vor den Risiken des Lebens* unter sich ständig verändernden wirtschaftlichen, technologischen und kulturellen Bedingungen zu erzielen. Und es gelingt ihr: In den betreffenden Ländern sind derzeit die mit Arbeitsunfällen, Alter, Arbeitslosigkeit und Krankheit verbundenen Risiken für den Großteil der Bürger in etwa gleich abgedeckt, die Ärmsten ausgenommen.

Und dieses System stellt auch heute den einzigen greifbaren Kompromiss zwischen Freiheit und Gleichheit dar. Es wird auch in diesem Jahrhundert die wichtigste politische Bewegung bleiben, so lange, bis der Sieg des Marktes über die Demokratie es verbieten wird, den reichen Minderheiten irgendeine Form von Solidarität aufzuzwingen.

Gleichheit und Freiheit prallen in ihrer höchsten Steigerungsstufe aufeinander. Sie können nur überleben, wenn sie die für ihre Koexistenz notwendigen Bedingungen finden: in der Brüderlichkeit.

Geschichte der Brüderlichkeit

In ihrer einfachsten, vom gesunden Menschenverstand hergeleiteten Bedeutung kann man Brüderlichkeit als Haltung definieren, durch die jeder sich dazu verpflichtet, dem Anderen nicht zu schaden, auch wenn es darum geht, eine der vorangegangenen Utopien zu realisieren. Beschränkte man ihre Definition darauf, dann wäre sie höchstens eine negative Utopie, ein Schutz gegen Gewalt; sie würde keine Hoffnung auf Glück oder Entfaltung begründen.

Geht man ein Stück weiter, immer noch im Rahmen dessen, worauf die Etymologie verweist, kann man sie als eine soziale Ordnung definieren, in der jeder den Anderen lieben würde wie seinen eigenen Bruder.

Aber vor der Etymologie muss man sich hüten: die Anderen so zu lieben wie den eigenen Bruder ist mitnichten eine sichere Garantie für Liebe. Denn alle Mythen sagen uns, dass die Liebe keinesfalls die naturgegebene Beziehung zwischen den Mitgliedern einer Familie und schon gar nicht unter Brüdern darstellt. Im Gegenteil, zwischen Letzteren ist eher der Hass die Regel.

Dennoch ist die Vorstellung, dass Brüder einander bevorzugte Wesen seien, sehr alt. In Wirklichkeit ist sie, wenn wir alle Mythen bedenken, wohl auf umgekehrte Weise entstanden: Im Naturzustand hassen Brüder einander, und erst in

Zukunft, wenn es gelungen sein wird, es so einzurichten, dass sogar Brüder einander ertragen, wird die Gewalt wirklich ausgerottet sein. *Brüderlichkeit ist ein Ziel der Zivilisation, kein naturgegebener Zustand.*

In beinahe allen Gründungsmythen hat keiner einen schlimmeren Feind als seinen Bruder, außer wenn der Vater ihnen manchmal aus Furcht vor einer Allianz der Brüder zuvorkommt und sie tötet, wie Chronos, der sie verschlingt. Viele Zivilisationen beginnen mit der Erzählung vom Vatermord durch die Söhne, oder umgekehrt, oder auch von der gegenseitigen Ermordung der Brüder. So wurzeln die Anfänge der Brüderlichkeit manchmal in der gemeinsamen Schuld, in der Mordkomplizenschaft.

Wie lässt sich diese natürliche Gewalt unter Brüdern erklären? Die Antwort der Mythen ist einhellig: *Hass kommt von Ähnlichkeit*. Weil ihre Wünsche – durch Nachahmung – dieselben sind, sind Brüder Rivalen und gefährlich füreinander. In Bezug auf die Eroberung der Mutter oder in ihrem Verhältnis zum Vater.

Kurioserweise findet man in den Mythen keine Spur von einem vergleichbaren Hass zwischen Schwestern. Und es gibt im Übrigen selten ein gleiches Wort für Brüder und Schwestern in einer Sprache. Und man spricht von «Brudermord» (fratricide), von «Vatermord» (parricide), von «Muttermord» (matricide), aber es gibt beispielsweise im Französischen kein vergleichbares Wort für die Ermordung einer Schwester – so als ob Schwesterlichkeit nicht die gleichen Gefahren mit sich bringen würde wie Brüderlichkeit ...

Die Mythen bestimmen weiters, dass eine Gesellschaft langsam stirbt, wenn ihre Männer vergessen, sich vor ihren

Brüdern zu hüten. Daher schützen die sozialen Regeln die Brüder sehr sorgfältig voreinander. Ihr Gütertausch, die Erbschaftsregeln werden durch die Einrichtung des Ältestenrechts und durch eine strikte Kompetenzenteilung peinlich genau im Gleichgewicht gehalten. In zahlreichen Urgesellschaften vertraut man die Kinder dem Clan der Frauen an, insbesondere den Brüdern ihrer Mutter, um sie vor ihrem Vater zu schützen. Manchmal, wie im Falle Roms, leitet sich aus dem Sieg des einen Bruders über den anderen die Gründung einer Stadt her.

Auch die Bibel hebt hervor, dass die Gewalt aus dem Wunsch nach Nachahmung geboren wird. Sie macht die Beseitigung der Rivalität und die Freude, die der eine Bruder an der Erfüllung der Sehnsüchte des anderen Bruders empfindet, sogar zu unabdingbaren Voraussetzungen für das Kommen des Messias. In der Darstellung der Bibel sind alle großen Gabelungen in der Geschichte der Menschheit jeweils das Resultat von Bruderzwisten: Abel und Kain, Jakob und Esau, Isaak und Ismael, Joseph und seine Brüder, alle diese gegnerischen Paarkonstellationen symbolisieren wichtige Alternativen in der Geschichte der Menschheit – zwischen dem Sesshaften und dem Nomaden, dem Gottgetreuen und dem Heiden, dem Weisen und dem Rebellen, dem sich Auflehnenden und dem Unterworfenen. Und jeder Sieg eines Bruders über den anderen steuert die *conditio humana* in eine Richtung, die über uns zum Kommen des Messias führt.

Erst am Ende des Exils, nach dem Auszug aus Ägypten, in dem Augenblick, in dem sich das Nomadenvolk in der Wüste von Sinai seinem Gelobten Land nähert, tritt übrigens das erste nicht rivalisierende Brüderpaar in der Bibel auf, da jeder auf den Erfolg des anderen angewiesen ist, um seine eigene

Aufgabe vollenden zu können: Moses und Aaron. Der Ältere, Aaron, neidet seinem jüngeren Bruder nicht, dass dieser von Gott zu seinem Propheten auserwählt wurde, und Moses, der sich nicht verständlich machen kann, braucht Aaron, um zum Volke zu sprechen. Durch ihre Beziehung schaffen sie dann gemeinsam die Bedingungen für das Kommen der messianischen Zeiten: Sie verleihen der Brüderlichkeit einen neuen und reichen Sinn, den sie auch heute besitzt: *sich über den Erfolg des Anderen freuen*.

Ihre Beziehung gibt der Geschichte des jüdischen Volkes eine neue Richtung. Sie setzt das Vorhergehende außer Kraft. Im Übrigen sterben alle ihre Zeitgenossen, bevor sie das Gelobte Land erreichen, außer Moses, der durch sein eigenes Überleben die Rolle der Brüderlichkeit in der Vervollkommnung der messianischen Botschaft unterstreicht.

Diese Form von Brüderlichkeit wird dann wunderbar zum Ausdruck gebracht durch das folgende Gebot des Leviticus: «Wenn dein Bruder neben dir verarmt und nicht mehr bestehen kann, so sollst du dich seiner annehmen, wie eines Fremdlings oder Beisassen, dass er neben dir leben könne» und weiters durch das Gebot, man möge «seinen Nächsten lieben wie sich selber». Um dies zu erreichen, muss man drei Hindernisse überwinden: zuerst sich selber lieben, dann die Anderen lieben und schließlich die Anderen wie sich selber lieben.

Viele weitere Bibelstellen erhellen diese Konzeption der Brüderlichkeit und die Rolle von Moses und Aaron darin. Zum Beispiel besagt das biblische Gesetz, dass ein Vater alle Macht über seine Kinder hat, bis Moses ihm verbietet, sie zu töten und die Aufteilung des Erbes zwischen allen Söhnen aufs Strengste regelt. Zacharias träumt von einer Gesellschaft, in der alle Menschen einander wie Brüder lieben würden, von denen man wiederum erwartet, dass sie einander mehr als die anderen Menschen lieben. Der Psalm 133 («Siehe wie fein und lieblich ist's; wenn Brüder ...») stellt mit der großartigen Metapher des Taus vom Berge Hermon die Brüderlichkeit als eine himmlische Verbindung dar, die kommt, um die Menschen zu vereinen.

Das Gesetz legt im Übrigen fest, dass Brüderlichkeit so organisiert werden muss, dass nicht nur der Gebende darüber glücklich ist, sondern dass dabei auch der Empfangende nicht gedemütigt werden darf. Einer der schönsten Gedanken der Bibel: Ein im Tempel versteckt stehender Tisch gestattet es den Gerechten, im Geheimen zu geben, und den Armen, anonym zu empfangen.

Nach einem Talmudkommentar soll Jerusalem sogar an einem Ort gegründet worden sein, wo zwei Brüder beschlossen hatten, einander zu helfen, ohne es einander zu sagen, und auf diese Weise eine Situation ungewollter Gleichheit geschaffen hatten.

A contrario löst sich das Königreich Israel in einem Bruderkampf auf. Und umgekehrt wird der Friede zwischen Brüdern den Anbruch der messianischen Zeiten ankündigen. Da der Messias wie alle Menschen Gottes Sohn ist, ist er der Bruder aller Menschen und wird sie an ihre Brüderlichkeit erinnern.

Die Reihenfolge der vier Utopien ist somit dieselbe wie bei den großen Momenten der Bibel. Abraham repräsentiert die Ewigkeit; die Wüste die Freiheit; das Königreich Israel die Gleichheit; die Brüderlichkeit wird mit dem Messias kommen.

Die Evangelien setzen diese jubelnde Erwartung der Brüderlichkeit fort und ergründen sie tiefer. Jesus ist der Erste, der seine Jünger «Brüder» nennt. Er bezeichnet sich selber als «Menschensohn» und damit als Bruder aller Menschen. Durch sein Kommen verkündet er, dass alle Menschen, die Brüder eingeschlossen, zur Liebe fähig sein werden.

Alles in allem tritt Brüderlichkeit in der Bibel und in den anderen grundlegenden Texten des Monotheismus als die Gesamtheit der Bedingungen in Erscheinung, die es allen Menschen und daher sogar den Brüdern erlauben, ihre immanenten Rivalitäten zu vergessen und einander zu helfen, zu lieben und zu tolerieren in ihrer Verschiedenheit und in ihren Sehnsüchten, Freude am Erfolg des Anderen zu empfinden, glücklich zu sein über das Glück des Anderen.

Lange Zeit sollte dieses Konzept im Wesentlichen an den jüdisch-christlichen Diskurs gebunden bleiben. Hin und wieder tritt es aber auch anderswo in Erscheinung, beispielsweise bei Platon natürlich, dem ersten Fabrikanten von idealen Gesellschaften, der wollte, dass niemand Vater und Mutter erkennen möge. Auf diese Weise müssten alle einander für Brüder halten, und es würde ihnen widerstreben, Gewalt gegeneinander auszuüben. Dann bei Seneca, wenn er schreibt: «Leben bedeutet den Anderen nützlich sein.» Man findet es vor allem im Diskurs der religiösen Orden und später, ab dem Jahr 1000, in dem der Gesellenvereine und der Gilden bzw. Zünfte. In vielen Sprachen, wie zum Beispiel dem Englischen, sind die Wörter «Gilde» bzw. «Bruderschaft» (brotherhood) und «Brüderlichkeit» (fraternity) Synonyme und werden von den Handwerkervereinigungen unterschiedslos verwendet. Jeder hat da Interesse am Wert des Anderen, und jeder Meister ist jedem Gesellen (jedem Bruder) bei den Initiationsprüfungen behilflich. Die Gilden nehmen einen derartigen Aufschwung, dass sie eine Bedrohung für die Kirche werden, die sich das Monopol der Brüderlichkeit vorbehalten möchte. Das Konzil von Avignon vom 13. Juni 1326 verbietet die nichtkonfessionellen Bruderschaften («das heißt die Versammlungen jener, die sich Brüder nennen»). Vergebens: Im Jahre 1722 wird die Brüderlichkeit im Zentrum von Andersons «Konstitutionsbuch» stehen, das die freimaurerische Ordnung errichtet.

Sie bleibt aber ein verschwommenes Konzept, subjektiv, ungenau; nicht eine Utopie, die ausschließlich auf die Verwirklichung der Brüderlichkeit ausgerichtet wäre, wird verfasst, geschweige denn ausprobiert oder in ein politisches Programm umformuliert. Weder Thomas Morus noch Tommaso Campanella oder irgendein anderer Verfasser einer Utopie bemächtigt sich ihrer, zumindest nicht explizit. Brüderlichkeit scheint eine den Kirchen und Gilden vorbehaltene Illusion zu sein, jenseits des Horizonts der politischen Aktion. Und in jedem Fall nicht messbar, rein subjektiv, im Unterschied zu Freiheit und Gleichheit.

Immanuel Kant hat als einer der wenigen offen darüber gesprochen – am Ende des achtzehnten Jahrhunderts, unter der Bezeichnung «universelle Gastfreundschaft» – und auf diese Weise die Lust theoretisiert, die man empfindet, wenn man einen Fremden empfängt, seine Gastgeberpflicht erfüllt, das Gute tut, ohne etwas als Gegenleistung zu erwarten.

Als sich das Jahrhundert der Aufklärung ankündigt, ist Brüderlichkeit in der intellektuellen Debatte Europas nur mehr als eine vage moralische Referenz präsent, als Kennzeichen für Gilden bzw. Zünfte und Geheimgesellschaften. Sie ist nunmehr ausschließlich christlich und freimaurerisch. Man spricht von Christus als dem Erfinder der «milden Brüderlichkeit». Bossuet verkündet, dass «Gott die Brüderlichkeit der Menschen begründet hat, indem er sie von einem einzigen hat abstammen lassen». Mirabeau behauptet, dass «die allgemeine Freiheit die absurden Unterdrückungen, die die Menschen zusammenhalten, aus der ganzen Welt verbannen und eine universelle Brüderlichkeit wiedererstehen lassen wird.» In der französischen *Enzyklopädie* wird sie nicht einmal erwähnt. Und doch wird die Französische Revolution etwas Wichtiges vorausahnen, dessen gewaltige Bedeutung man nun erst wahrzunehmen beginnt, nämlich dass Freiheit und Gleichheit ohne Brüderlichkeit nicht vereinbar sind.

Freiheit, Gleichheit, Brüderlichkeit

Die Französische Revolution ist eine Abfolge von fehlgeschlagenen Utopien. Die Erste, jene der Freiheit, tritt am 10. August 1792 in den Hintergrund. Ab diesem Zeitpunkt versieht die Kommune von Paris ihre Akten mit dem Datum «Jahr IV der Freiheit, erstes Jahr der Gleichheit». Bis zu dem Zeitpunkt, wo der Konvent seinerseits die Brüderlichkeit in den Vordergrund stellt.

Im Jahre 1789 ist die Brüderlichkeit bereits in allen Köpfen. Die Versammlung der Generalstände strebt eine «brüderliche Union» der drei Stände an; Mirabeau sieht in der Erstürmung der Bastille «den Anfang der Brüderlichkeit zwischen den Menschen»; im Jahre 1790 schlägt La Fayette in seinem Schwur auf dem Marsfeld vor, «alle Franzosen durch die unauflöslichen Bande der Brüderlichkeit zu vereinen»; die Föderationsfeste streben eine «Fraternisierung» an, das heißt, sie sollen alle sozialen Klassen miteinander vereinen, «alle Völker als Brüder ansehen», eine Art defensiver Solidarität gegen die von außen kommenden Gefahren stiften (das «Vaterland» ist etymologisch gesehen ein Zusammenschluss von Brüdern) und die drohenden Konflikte zwischen den Ärmsten abwenden, deren Unterstützung alle anderen Fraktionen suchen. In einem Zusatzartikel zur Verfassung von 1791 heißt es, die Brüderlichkeit sei eine wahrhafte Utopie, das Ergebnis, das man sich von den nationalen Festen und der Erziehung erwarte. Robespierre beschwört sogar den Gedanken, man solle Schluss machen mit den Nationen und auf eine brüderliche weltumspannende Gesellschaft zuschreiten, die er als die «immense Gemeinschaft der Philadelphie, der Geschwisterliebe» bezeichnet.

Ab April 1791 verändert sich das Wesen der Brüderlichkeit, sie verkommt von einem universellen zu einem ausschließenden Faktor, indem sie zum Zeichen für die Zugehörigkeit zu und Anerkennung von revolutionären Gemeinschaften wie den Freimaurern und den Gilden wird. Man begrüßt sich da als «Freund und Bruder», und man unterzeichnet mit «Heil und Brüderlichkeit».

Die Idee, das Wort in eine motivierende Parole einzubauen, scheint einem interessanten Nebenakteur der Pariser Revolution zu verdanken zu sein – Antoine-François Momoro. Dieser extremistische Drucker, ein Weggefährte von Hébert – dem äußerst radikalen Redakteur des *Père Duchesne* – spendet seine gesamte Habe der Revolution, reist durch Frankreich, um das Wort der Revolution zu verkünden und schlägt mehrere Reformen vor, unter anderem die Festlegung eines Maximalpreises für den Weizen und die Verstaatlichung des gesamten Bodens. Im Jahre 1790 regt er im Verlauf einer Versammlung des Klubs der Cordeliers an, aus den Worten «Freiheit, Gleichheit, Brüderlichkeit» einen revolutionären Wahlspruch zu machen. Robespierre, der zu dem Zeitpunkt noch den Hébertisten nahe steht, übernimmt diese Idee und schlägt vor, die beiden Ausdrücke «das französische Volk» und «Freiheit, Gleichheit, Brüderlichkeit» auf die Uniformen und Fahnen der Nationalgarde zu sticken. Aber sein Vorschlag findet kein

Echo. Zu der Zeit sind die Parolen, die Furore machen, noch «Nation, Gesetz und König» und ein wenig später «Nation, Freiheit und Gleichheit». Man beginnt jedoch in einigen Straßen von Paris den Ruf «Freiheit, Gleichheit, Brüderlichkeit oder Tod!» zu hören. Als ob die Revolution, je blutiger sie wurde, umso mehr beschwichtigen musste, indem sie von Brüderlichkeit sprach.

Im September 1792 empfängt Roland die neu gewählten Mitglieder des Konvents, indem er sie daran erinnert, dass ihre erste Aufgabe darin bestehen wird, die Republik zu verkünden, «eine einzige und gleiche Sache wie die Brüderlichkeit».

Im Jahre 1793 ist Brüderlichkeit nur mehr ein Mittel zum Ausschluss der Aristokraten, der Verräter, der «falschen Brüder». Und wenn man unter Brüdern noch fraternisieren muss, dann vor allem, um bei den Brüdern selber das Auftauchen von «niederen Instinkten» auszuspähen. «Brüderlichkeit oder Tod!» wird zu einer doppelsinnigen Parole: Man muss zugleich sterben, um die Gruppe zu verteidigen und die Brüder dazu verpflichten, sich bei Todesstrafe keinen Fingerbreit von der Orthodoxie zu entfernen. Man liest auf den Fassaden von Paris: «Einheit, Unteilbarkeit der Republik; Freiheit, Gleichheit oder Tod!» Und schließlich: «Freiheit, Gleichheit, Brüderlichkeit.» Die Schreckensherrschaft nistet sich auf diese Weise im Namen einer Brüderlichkeit ein, die sehr weit von der von 1790 entfernt ist.

Wie um diese Tragödie zu ratifizieren, wird Momoro mit Hébert am 13. März 1794 verhaftet und elf Tage später guillotiniert, während sein Chef Selbstmord begeht.

Unter dem Direktorium ist Brüderlichkeit nur mehr ein fahl gewordenes Abbild der Revolution, eine Synthese ihrer vollbrachten Werke und ihrer Misserfolge, ein Bild, in dem sich sogar die Kirche wiederfinden kann.

Im neunzehnten Jahrhundert drängen das Misstrauen gegenüber der Vernunft sowie die Rückkehr der christlichen Ideen dazu, die Brüderlichkeit zu rehabilitieren – als Mittel zur Verhinderung des Klassenkampfes und zur gleichzeitigen Einschränkung des Individualismus. Lamennais fordert sie als Rechtfertigung der sozialen Gerechtigkeit ein.

Michelet macht aus ihr das zentrale Prinzip seiner Interpretation der Französischen Revolution. In seinen Augen bringt die Brüderlichkeit die Freiheit und die Gleichheit zur Vollendung. Seiner Ansicht nach ist sie irdisch, nichtkonfessionell, ohne Verbindung zur Erbsünde oder zu irgendeiner Art von Gnade. «Brüderlichkeit», schreibt er, «ist das über dem Recht stehende Recht.» Und: «Die Revolution, eine Tochter des Christentums, hat Brüderlichkeit gelehrt, die für die ganze Welt, für alle Gattungen, für alle Religionen unter der Sonne gilt.»

Ein wenig später sieht der Sozialistenführer Louis Blanc, der durch das Exil gezwungen ist, sich zum Historiker der Revolution zu machen, in ihr die sozialistische Vollendung des revolutionären Ideals, jenseits von Freiheit und Gleichheit, die für ihn nur individualistische Forderungen sind.

Die dreifache Parole taucht möglicherweise auf Initiative von Lamartine hin 1849 wieder auf, und zwar als «Prinzip» der neuen Republik, als das am 17. Mai gegründete Verfassungskomitee in einer Präambel von acht Artikeln schreibt: «Die französische Republik ist demokratisch und unteilbar. Ihre Prinzipien sind Freiheit, Gleichheit und Brüderlichkeit. Ihre Basis sind Familie, Arbeit, Eigentum und öffentliche

Ordnung.» Man meißelt sie dann in die Frontgiebel der öffentlichen Gebäude ein, zur gleichen Zeit, als die Priester den «Christus Brüderlichkeit» feiern und «Bäume der Freiheit» weihen.

Der Wahlspruch verschwindet unter dem Second Empire. Nach der Wiederkehr der Republik wird lange Zeit über seine Wiederaufnahme diskutiert: Die Rechte fürchtet, dass Gleichheit zum Sozialismus führen könnte, die Linke ist vor der christlichen Konnotation der Brüderlichkeit auf der Hut. Niemand hat die Pariser Kommune vergessen. Im Frühling des Jahres 1880 führt die Abgeordnetenkammer jedoch diese gewaltige Synthese aller menschlichen Utopien nach achtjähriger Debatte wieder als Wahlspruch der Republik ein.

Kapitel V

Die Zukunft der Utopie

> «Auch ich will für mich das höchste Glück im Diesseits, denn es gibt ja kein anderes! Ich will die Erde, denn der Himmel ist leer! Ich will sie für mich und für alle Menschen – denn alle Menschen sind gleich!»

Ist heute noch Platz für Utopien, nachdem so viele Verbrechen in ihrem Namen begangen wurden? Welche Kräfte werden sie tragen? Welches Verhältnis zum Tod, zum Leiden, zur Leidenschaft, zum Glauben, zur Hoffnung, zur Güte, zur Zärtlichkeit, zum Glück werden sie anbieten? Wie werden ihre Antworten auf die Herausforderungen der Gegenwart lauten? In welche neuen Barbareien werden sie möglicherweise wieder abgleiten? Lassen sich die verschiedenen Utopien miteinander versöhnen, lassen sich vor allem Freiheit *und* Gleichheit erhoffen?

Der Markt scheint heute den definitiven Sieg der Freiheit über Gleichheit und Ewigkeit zu sichern. Diese Dominanz einer Utopie über die anderen wird aber nicht von größerer Dauer sein als die vorhergehenden. Denn Freiheit ist für die überwältigende Mehrheit der Menschen nur ein theoretischer Begriff, ein unerreichbares Ziel; für viele ist die Freiheit der Anderen sogar die Feindin ihres eigenen Überlebens. Denn die Forderung nach Gleichheit vor den Risiken wird in Zukunft immer stärker werden, und die Ungerechtigkeiten werden immer schreiender.

Ist also wieder einmal die Zeit für einen neuen Kompromiss zwischen Gleichheit und Freiheit angebrochen? Oder müssen wir mit der so oft angekündigten Rückkehr des Religiösen rechnen? Oder auf eine grundlegend neue soziale Ordnung hoffen, die all diese widersprüchlichen Utopien aussöhnen kann – die brüderliche Ordnung?

Eine neue Utopie naht

All jene, die denken, dass wir jetzt auf jegliche Utopien verzichten müssen, dass man sich Gedanken an eine vollkommene Welt verbieten muss, nur mehr an eine kapriziöse und prekäre Gesellschaft glauben darf, die ständig auf der rauschhaften Suche nach Neuem ist, ohne Zukunftsprojekte außer dem einen, Fortschritte durch den Einfallsreichtum ihrer Mitglieder zu machen, schaffen tatsächlich gerade eine neue Utopie, ohne es zu wissen. Jene Menschen, die die Zukunft nur noch als unberechenbares Ergebnis eines Zusammenstoßes der fortschreitenden Wissenschaft und fortschreitender Nationalismen ansehen, wo die Bewegung selber – die «Öffnung», wie Karl Popper sagte – das höchste erreichbare Ideal sein wird, machen aus der Freiheit ihre höchste Utopie.

Andere wiederum kommen zum selben Ergebnis, aber nicht mehr über den Umweg des Skeptizismus, sondern vermittels der Hoffnungslosigkeit. Sie fordern angesichts der Diktatur des Geldes, der Gewalt in den Ghettos, der Unmöglichkeit, ihr Leben ändern zu können, die Freiheit der Nichtintegration, des Nichterfolgs, der Nichtrevolte. Diese sich an den Grenzen zum Autismus bewegende anarchistische Haltung ist spürbar in einem Teil der Musikrichtungen der jungen Menschen auf der ganzen Welt – im *grunge* von Throbbing Gristle, von Oasis, im *rap* von Ice Cube, von den Ghetto Boys und den Niggers

With Attitude. Man hört sie auch aus dem *gangsta rap* heraus, aus dem *gur talk,* seinem jamaikanischen Gegenstück, aus *techno* und *rave*: Verhöhnen der Abstraktion, Flucht in die Trance, Hinaustreten aus sich selber, *hard core*-Hysterie ...

Durch seine Negativität verkündet dieses resignierte Sprechen, diese Fluchthaltung angesichts der Realität die Utopie als einen Mangel.

Neue Utopien werden danach in Erscheinung treten. In Form von Musik, zeichnerischer Gestaltung, religiösen Meditationen, theoretischen Reflexionen, erforderlichen Gewissheiten. Sie werden Wertsysteme zimmern, politische Ordnungen. Es wird wieder Leute geben, die «*I have a dream*» rufen werden, wie einst Martin Luther King, oder «*Imagine*» singen, wie John Lennon. Manche werden Steine werfen, um etwas zu zerstören; andere werden sie aufsammeln, um etwas aufzubauen. Und zwar folgendermaßen.

Utopische Nostalgie

Die allererste Utopie wird schlicht und einfach darin bestehen, dass sie Vergangenheit einfordert, die Einlösung einer Sehnsucht nach der ewigen Wiederkehr, dass sie die Geschichte wie eine virtuelle Zukunft behandeln und sich in Wirklichkeit an die Forderung nach Ewigkeit anschließen wird: die Sehnsucht nach der Vergangenheit beginnt beim Garten Eden.

Zu Beginn wird der auf dem Gipfel seines Triumphes angelangte Markt in seinem grenzenlosen Zynismus Sehnsucht nach der Vergangenheit verkaufen. Schon jetzt ist zu beobachten, dass «aktualisierte» Versionen alter Lieder, alter Filme, alter Autos, Möbel aus vergangenen Zeiten, Propellerflugzeuge, die zum Zwecke der Ermöglichung eines Instrumentenflugs völlig neu konditioniert wurden, sich durchsetzen. Dank Internet erhält das Labyrinth der Trödelläden planetare Dimensionen. Eine Industrie der Industriereliquien wird sich entwickeln und eine industrialisierte Herstellung von auf traditionelle Art zubereiteten Regionalprodukten – kleine Proustsche Madeleines eines illusorischen verlorenen Überflusses ...

Wir werden eine Rückkehr zu alten Identitäten erleben. Die Regionen werden sich auf die Suche nach Sprachen und Legenden der einstigen Provinzen machen, die Familien werden ihre Geschichte durchforsten. Jeder wird sich in Ermangelung einer erkennbaren Zukunft in die verzweifelte Suche nach seiner

Vergangenheit werfen. Sehr alte Berufe werden eine neue Blüte erleben, vom Trödler bis hin zum Genealogen, vom Buchbinder bis zum Gerber. Alles *Alte* wird als *authentisch* eingestuft, das *Neue* hingegen als *falsch* angeprangert werden.

Diese ungeheure Subversion des Marktes durch den Markt, diese Art und Weise, sich in frühere Zeiten zurückzuversetzen, um sie dann zu verkaufen, wird sich auch auf das Politische auswirken. Die vom Niedergang bedrohten Länder werden aus der Sehnsucht nach der Vergangenheit eine Utopie machen, um entweder eine verlorene Macht wiederzuerlangen, indem sie in die Zukunft blicken (wie die Europäische Union, die von der Sehnsucht nach der Macht der einstigen Reiche, die sie konstituieren, genährt ist), oder um alles auf mit der Zeit immer mehr idealisierte verlorene Einheiten zu setzen, indem sie alte Bezeichnungen, alte Sprechweisen wieder aufnehmen – auf der Suche nach einer imaginären Reinheit. Faschismus, Nationalsozialismus, Frankismus, Peronismus waren rückwärtsgewandte Utopien. Heute künden sich andere an – im Namen stolzer, nicht existierender Jugend in den am meisten gedemütigten oder in den ältesten Ländern der Welt. In Japan, in Russland, in China träumen viele von solchen Utopien. Sekten werden dort Dutzende von Millionen Adepten um ein Projekt scharen, das vorgibt, die Rückkehr zu alten Werten zu garantieren, wie dies in China die Falungong-Sekte mit enormem Erfolg tut.

Jenseits der Sehnsucht nach der Vergangenheit werden Ewigkeit, Freiheit und Gleichheit jeweils auf ihre Weise Kräfte der Erwartung oder neue Diktaturen speisen. Jede wird sich neue Dimensionen erfinden. Bereits jetzt liefern sie ein gewaltiges Entschlüsselungssystem für die Bewegungen der Zukunft.

Die Zukunft der Ewigkeit

Die Utopie der Ewigkeit, die erste seit Menschengedenken, ist natürlich niemals aus den kollektiven Vorstellungen verschwunden, am wenigsten dort, wo die politischen Machthaber alles getan haben, um sie zu zerstören. Heute, wo sich die explizit atheistischen Diktaturen verflüchtigen, wo Markt und Demokratie die Verherrlichung des Reversiblen erzwingen, brauchen die Menschen mehr als jemals zuvor das Reden von der Ewigkeit, und die Kirchen kommen wieder zu Kräften und Bekehrungswut. Niemand lässt sich auf das Risiko ein, von der Zukunft zu sprechen, ohne auf die Evidenz einer «Rückkehr des Religiösen» zu verweisen, als ob dieses jemals zu existieren aufgehört hätte.

Man wird zuerst einmal natürlich Ewigkeitsersatz auf dem Markt finden: er, der alles – auch die anderen Utopien – Verschlingende, wird den Konsumenten immer variantenreichere Substitute von Ewigkeit anbieten. Für die einen wird *Ruhm* weiterhin eine Art der Hoffnung darauf sein, in der Erinnerung der anderen fortzudauern und auf diese Weise ein Stück Unsterblichkeit abzubekommen. Für die anderen wird die Show der *Stars* weiterhin ein Ersatzerleben in jener flüchtigen Schein-Ewigkeit bleiben. *Die Show wird auch in Zukunft eine trügerische Inszenierung des Reichs der Götter darstellen.*

Die Objekte selber werden eine Schein-Ewigkeit vortäuschen. Seit jeher ist Aneignung eine Methode, die Angst vor dem Tod in den Griff zu bekommen. Man wird immer mehr der Zerstreuung dienende Objekte anhäufen und sich an unerschöpfliche virtuelle Bücher-, Platten-, Film-, Spiele- und Programmreservoirs anschließen, deren Benutzung Zeit in Anspruch nimmt – als ob man das Risiko zu sterben so lange bannen könnte, bis man sie alle aufgesucht hat.

Diverse Kirchen werden immer mehr Zulauf haben und die unterschiedlichsten Glaubensanschauungen immer mehr zu unglaublichen theologischen Kreuzungen verquicken. Tausende von Messiasgestalten, Gurus, Zukunftshändlern, Sekten und Versuchsstationen für körperlich-geistige Konditionierung werden eine bessere Zukunft versprechen und verkünden, dass diese Welt sinnentleert ist, dass es aber eine oder mehrere andere Welten gibt, wo Milch und Honig fließen. Unter der Bedingung, dass man ein «rechtes Leben führt», werden die einen sagen; dass man «als ein Gerechter stirbt», die anderen.

Wir werden die Rückkehr sehr alter Praktiken erleben, in denen sich Ewigkeit und Sehnsucht nach der Vergangenheit vereinen werden. Heute schlummernde Religionen, vergessene Opfer, verschüttete Formen des Animismus, des Pantheismus, des Polytheismus, der Verherrlichung der Natur, der Zeit, des Wassers, werden wieder in altem Glanz erstrahlen. Man wird jüdisch-christliche Religionen mit Werten des Ostens vermischen, um auf diese Weise auszuprobieren, ob man nicht die Unsterblichkeit des Monotheismus und die ewige Wiederkehr des Buddhismus gleichzeitig haben kann. Kirchen werden in den hochindustrialisierten Ländern, und zwar zuallererst in den Vereinigten Staaten und in Nordeuropa, wieder genügend Einfluss ausüben, um die Ausbildungssysteme und die naturwissenschaftliche Forschung zu lenken. Es gibt bereits Länder, in denen der Darwinismus nur mehr als Hypothese gelehrt wird, und andere, wo man junge Mädchen umbringt, um sie davon abzuhalten, in die Schule zu gehen.

Zwischen diesen verschiedenen Versionen der gleichen Utopie wird es harte Konflikte geben. Auch blutige – vor allem dort, wo die Kirchen die nationale Identität mehr oder weniger werden verkörpern können, und dort, wo die eine Kirche durch andere und mächtigere in unmittelbarer Nachbarschaft bedroht sein wird. Die Rückkehr des Religiösen wird eine Rückkehr der Religionskriege nach sich ziehen. Vor allem dort, wo Islam, Orthodoxie und Katholizismus sich jeweils mischen: auf der Balkanhalbinsel, in Zentral- und in Ostasien.

Viel wird von den Männern und Frauen abhängen, die sie verkörpern werden, besonders von jenen, deren Aufgabe es sein wird, ihre Meinung im Namen der diversen Formen des Monotheismus kundzutun. Mit einer guten Portion Charisma und wahren Glaubens könnten sie alle Gotteskinder miteinander versöhnen, alle von Abraham abstammenden Religionen in eine geeinte Vision zusammenführen, tolerant sich selber und den anderen gegenüber. Sie könnten vor allem auf die gute Idee kommen, aus Jerusalem, dem gemeinsamen Erbe aller Völker der Heiligen Schrift, die erste Stadt zu machen, deren Einwohner nicht die Bürger eines einzigen Landes sein müssten. Man könnte sich zumindest vorstellen, dass zwei Staaten, ein israelischer und ein palästinensischer, sich über die Einführung einer Doppel-Staatsbürgerschaft einig werden, wodurch jeder beim anderen wohnen und sich trotzdem weiterhin zu Hause fühlen könnte. Eine urbane und theologische Utopie.

Naivität? Naturwüchsige Moral – gut gemeinte Gefühle? Auf jeden Fall die einzige Art, konkret einen dauerhaften Frieden zu sichern an einem Ort, wo man keine Geopolitik ohne Messianismus machen kann.

Wenn dies alles einträfe, würde die Ewigkeitshoffnung eine beispielgebende Kraft gewinnen, der wenige nichtkonfessionelle Gesellschaften, wenige materielle Reichtümer widerstehen könnten.

Wenn der Mensch aber keine andere Art des Glücklichseins kennt, als selber Gott zu werden, dann wird er sich bei seinen Versuchen, sich Zugang zur Ewigkeit zu verschaffen, den Naturwissenschaften zuwenden. Zu diesem Zwecke wird er das Recht auf *Kryogenisierung* erhalten wollen, um von den neuesten Errungenschaften der Medizin profitieren zu können, und vor allem das *Recht aufs Klonen* und sogar auf Kollektionen seiner selbst; man wird gute Gründe finden, um die Entwicklung des Klonhandels zu gestatten, damit man sich über den Verlust geliebter Menschen hinwegtrösten oder aussterbenden Tierarten ein neues Leben schenken kann. Man wird daraus eine Industrie machen, in der Geschlechtlichkeit die Hauptrolle spielen wird. Es wird eines Tages vielleicht möglich werden, in seinem Doppelgänger die Erinnerung an die eigene Vergangenheit zu replizieren: man wird dann über Eigentumsrechte desjenigen diskutieren, der den Klon herstellt oder bestellt. Man wird die Sklaverei wieder einführen oder zumindest die eingeschränkte Verwendung von Chimären gestatten.

Niemand stellt sich derzeit noch vor, dass man jemals das

Bewusstsein des Menschen von sich selber werde klonen können, das einzige Element der Person, das sterblich bleiben wird. Wenn dies aber eines Tages eintreten sollte, dann wäre Ewigkeit keine kollektive Utopie mehr, auch keine Hoffnung auf individuelles Heil, sondern eine Ware, die den Reichsten vorbehalten bliebe. Man könnte das Unmögliche möglich machen: am Markt seine eigene Wiedergeburt kaufen. Die Utopie der Ewigkeit wäre dann nur mehr ein Unterprodukt der Utopie der Freiheit.

Die Zukunft der Freiheit

Nach der Globalisierung der Ideologien infolge der Globalisierung der Märkte werden die Utopien einander weltweit ablösen – so wie sie es in jeder Nation getan haben. Die erste Etappe wird eine Forderung nach Freiheit sein – bis zum Sieg des Weltmarktes über die Demokratie der Nationen. Dann wird die Zeit der egalitären Utopien auf planetarer Ebene kommen. Wird die Einsamkeit allzu unerträglich, dann wird sich die Brüderlichkeit ankündigen, auch sie ebenso unausweichlich wie unmöglich.

Die heute vorherrschende Utopie der Freiheit wird auch weiterhin Träume hervorbringen. Ein riesiger Abenteuerspielplatz tut sich ihr auf zum Zwecke der Ausbreitung des Marktes, des abstrakten und unfehlbaren Gottes, über die ganze Welt und zum Zwecke der Verteidigung der Demokratie, einer zerbrechlichen Abstraktion. Bis zum Zeitpunkt des wahrscheinlichen Sieges der Warendiktatur auf einem anarchischen Planeten.

Die erste Manifestation der Freiheit war und wird wieder sein: die Aufsplitterung der Nationen durch die Weigerung der Minderheiten, die Bevormundung der Mehrheiten zu akzeptieren. Seit 1848 hat der *Nationalismus* in Europa eine der wichtigsten Formen der Utopie der Freiheit gebildet, bis er 1896 mit dem *Zionismus* von Theodor Herzl einen ganz besonderen Ausdruck fand – gleichzeitig Erfindung einer Nation und Rückkehr eines Volks auf verlorenes Land. In Zukunft wird die Weiterführung dieser Aufsplitterungen von Identität zu euphorischen Abspaltungen und zu furchtbaren Massakern führen, für die Timor in der Stunde, in der ich dies schreibe, ein unerträgliches Symbol darstellt.

Die entscheidende Manifestation der Freiheit war und wird in Zukunft noch mehr *die Übersteigerung des Egoismus und der Gier* sein, die Zurückweisung jeglicher altruistischer Ziele und jeglicher kollektiver Verantwortung, das Besessensein vom individuellen Erfolg, die Verherrlichung der einsamen Lust und eine Aneinanderreihung von Autismen auf Kosten der Demokratie. Sie wird vorgeben, allen eine *Gelegenheit* zur «Selbstverwirklichung» über das Finden eines zwangsläufig unsicheren Arbeitsplatzes bieten zu können – eines Arbeitsplatzes, keiner Anstellung.

Man wird zahllose Freiheiten unterscheiden: die Freiheit, eine Wahl zu treffen, seine Meinung zum Ausdruck zu bringen, keine Angst zu haben, ausreichend fürs Überleben ausgerüstet zu sein, an das zu glauben, was man will – insbesondere aber die Konsumfreiheit. *Alle Freiheiten* wird man verherrlichen: jene, mehrere Familien gleichzeitig zu haben, eine reale oder eine virtuelle Sexualität zu leben, eine menschliche oder eine verderbte. Aber auch und vor allem die eine: zu hoffen, dass man geliebt wird.

Man wird auf dem *Markt* alles kaufen können: Drogen, einen Pass, ein Organ, ein Kind, einen Klon, einen freiwilligen Sklaven. (Man hat bereits erlebt, wie Einzelne versucht haben, ein Neugeborenes oder Organe im Web zu versteigern!) Dies wird das Ende der Marken sein, der Anfang der jeweils für eine einzelne

Person entworfenen nomadischen Objekte, der Werbung nach Maß, der individuellen Utopien. Man wird mehreren Shows gleichzeitig beiwohnen. Das *Und* wird das *Oder* ersetzen.

Homosexuelle Paare werden Kinder mittels Adoption bekommen können, mittels medizinisch gestützter Fortpflanzung oder mittels Klonens. Es wird zulässig sein, Kinder allein zu haben oder gleichzeitig in mehreren Paarbeziehungen. Man wird die Inszenierung der widersprüchlichsten Freiheiten verkaufen: Tod, Macht, Sexualität etc. Man wird Lebensrechte und Sterberechte austauschen können: Rechte auf den Selbstmord, auf den pharmazeutisch gestützten Tod, auf Ersatzorgane etc.

Zerstreuung wird zu einer Lebensweise werden, bei der man eine utopisch gewordene Freiheit stellvertretend auslebt; schon Gesellschaftsspiele sind Freiheitssimulationen (zum Beispiel stellt Monopoly die Simulation eines idealisierten Immobilienmarktes dar); Videospiele sind bereits virtuelle Reisen in Sachen Utopie (siehe *Sim City*). Man wird sich bald mittels virtueller Reisen zerstreuen können, in drei Dimensionen, in Richtung Garten Eden oder Eldorado, indem man maßgeschneiderte virtuelle Utopien wie Labyrinthe durchqueren wird, wo man Nabob oder Eremit sein wird, Folterer oder Held, Diktator oder Revolutionär, Star oder verfemter Künstler, Herrscher über einen Harem oder Pensionär in einem Bordell. Man wird zu mehreren in der gleichen virtuellen Welt leben und sich dort sogar auf Dauer einrichten können, ohne sie jemals verlassen zu müssen, nicht einmal zum Zwecke der Nahrungsaufnahme – ein wenig so wie jene Insulaner, auf die man immer wieder zurückkommt, sobald von Utopie die Rede ist.

Zu einem späteren Zeitpunkt wird die Technologie vielleicht auf noch verrücktere Formen der Handels- bzw. Warenfreiheit kommen, die es ermöglichen, den materiellen Zwängen mittels Gedankenübertragung, virtueller Reise oder Telekinese zu entkommen; die es ermöglichen, etwas anderes zu wollen als das, was man will, außerhalb der Grenzen der Vernunft zu denken. Jenseits von Schminke, Tätowierung, Implantaten, Piercing und Schönheitschirurgie wird es eines Tages vielleicht möglich sein, nicht nur sein Aussehen zu verändern, sondern auch seine Erinnerungen, seine Kultur, die Wahl zu haben, jemand anders werden zu können, Karneval mit seinen eigenen Klonen zu spielen, Namen für sie auszuwählen, Vergangenheiten, Charakterzüge. Der Markt wird zu einem Pluralismus des Selbst drängen. Man wird das Recht kaufen können, sein Bewusstsein in den Klon eines anderen zu transferieren. Um zum Beispiel im Körper und in der Erinnerung eines Doubles einer geliebten, einer bewunderten oder einer gehassten Person zu leben. Absolute Verschmelzung, höchste Freiheit: die eines Karnevals der Geister.

Lange bevor die Verwirklichung dieser Fantasien möglich und sogar vorstellbar sein wird, wird die Welt zu einem globalen Markt ohne regulierende Institutionen werden. Die Unternehmen, und zwar in erster Linie die Pensionsfonds, denen sie gehören werden, werden seine Kontrolle gewährleisten. Es wird keine Grenzen mehr geben, Gesetze werden durch Verträge ersetzt werden, die Justiz durch schiedsrichterliche Entscheidungen; die Staaten, auch die mächtigsten, werden auf jeglichen Widerspruch gegen die Märkte verzichten, und die demokratischen Institutionen werden hinter privaten Gesundheits- und Ausbildungseinrichtungen zurückstehen.

Das Internet bietet bereits einen Vorgeschmack auf diese saubere, geruchlose Welt ohne Steuern und sogar ohne zu bekehrende Eingeborene. Außerhalb von Raum und Zeit, virtuell, wo jeder überall zu Hause ist und gleichzeitig ohne moralische Schranken seine widersprüchlichsten Wünsche wird befriedigen können. Die Ungleichheiten zwischen einigen Reichen, einer bedeutenden Mittelklasse und einer noch größeren Kohorte von Armen werden sich vertiefen.

Die Utopie der Freiheit wird dann den Bedarf nach einem demokratischen Weltstaat erkennbar werden lassen, zumindest um das effiziente Funktionieren der Märkte zu garantieren, um die durch die simultane Ausübung der Freiheiten hervorgerufene Saturierung unter Kontrolle zu bringen, das Privateigentum zu schützen und Garantien angesichts der Monopole zu bieten.

Auch da wird, diesmal auf weltweiter Ebene, die Freiheit eine gewisse Dosis Gleichheit benötigen, um überleben zu können. Aber ich wette hundert zu eins, dass es diesen Staat nicht geben wird, denn die Rolle wird – ist schon – implizit den Vereinigten Staaten zu(ge)fallen, der höchsten geopolitischen Macht.

Was die Politik angeht oder vielmehr das, was von ihr übrig bleiben wird, so wird die Forderung nach Freiheit dazu führen, dass man den Prozess der Repräsentation oder der Delegation von Macht durch direkte und permanente Abstimmungen im Web ersetzen wird. Die Ausübung der Funktionen des öffentlichen Dienstes wird von den Reichsten konfisziert werden, den Einzigen, die aufgrund der ihnen zur Verfügung stehenden Mittel Wahlkampagnen werden finanzieren können. Bis der Markt eines Tages dorthin kommt, dass er die Versteigerung der öffentlichen Posten erzwingen wird.

Dann besteht die Gefahr, dass ein Konflikt zwischen den multinationalen Unternehmen und den politischen Machthabern in Amerika ausbrechen könnte.

Der Markt wird die Politik bei der Verwaltung der sozialen Ordnung vollständig ersetzen. Die Gesellschaft wird alles über die genetischen Risiken jedes Einzelnen wissen wollen und jeden für seine soziale Sicherheit entsprechend diesen Risiken bezahlen lassen, ja sogar im Vorhinein jene eliminieren, deren wahrscheinlicher Tod sich als am kostspieligsten erweisen würde. Man wird jeden Embryo, dessen genetische Karte ankündigt, dass infolge möglicher Krankheiten die vorhersehbaren Kosten für sein zukünftiges Leben eine gewisse Grenze überschreiten werden, vor seiner Geburt eliminieren. An die Stelle der Angst vor der Macht wird die Angst vor Mängeln treten.

Auf der anderen Seite werden Rebellionen gegen diese freiwillige Unterwerfung ausbrechen – es gibt sie bereits an vielen Orten. Zum Beispiel ganz unverblümt im *Otaku*, einer japanischen Gegenkultur junger Leute, die abgekapselt vor ihren Bildschirmen leben, Websüchtige; oder auf ganz andere Weise im *Feng-shui*, einer chinesischen Form der Lebenskunst, einer Wiederverwertung des Buddhismus, die die Flucht vor den Normen der Warenordnung mit Hilfe der Suche nach Schönheit bezweckt.

Alles in allem wird die Freiheit der Geschichte kein Ende setzen; sie wird zur Übersteigerung neuer Formen von sozialer Ausschließung und Chancenungleichheit führen. Das einundzwanzigste Jahrhundert wird nicht ohne eine allgemeine Revolte der Ärmsten zu Ende gehen.

Die Zukunft der Gleichheit

Man braucht nicht viel Fantasie, um unter diesen Bedingungen ein Comeback der egalitären Utopie vorherzusehen. Man wird noch von Kommunismus und Sozialismus sprechen hören – vielleicht unter anderen Bezeichnungen. Aber vor allem wird man von dem sprechen hören, was wir hier und jetzt als *Sozialdemokratie* bezeichnen.

Die Lehren der Geschichte werden uns gezeigt haben, dass die Utopie der Gleichheit keine Verherrlichung der Uniformität mehr sein kann, sondern dass sie sich darauf wird beschränken müssen, Ungleichheiten bei gleichzeitiger Respektierung von Freiheiten zu reduzieren. Und dass sie sogar absolut notwendig für die Utopie der Freiheit ist. Zumindest als Chancengleichheit, als Gleichheit vor dem Gesetz, als Gleichheit angesichts von Abstimmungen. Aber es wird für ein einzelnes Land immer schwieriger werden, die Gleichheitsgarantie angesichts der damit verbundenen Risiken allein zu übernehmen.

Sobald das Kapital flüchtig geworden ist, vagabundierend, und sich den Steuergesetzen entsprechend bewegt, denen es jeweils unterworfen ist, muss jedes Land die Regeln der Weltkonkurrenz respektieren. Und die Last der Gleichheit vor den Risiken wird sehr schwer auf der Rentabilität der Kapitalien liegen.

Daher besteht die einzige Zukunft der Sozialdemokratie darin, eine Wahl zwischen einer besonderen Form des Liberalismus – einem *Sozial-Liberalismus* – und einer *sozialen marktwirtschaftlichen Umverteilung zu treffen*, bei der es noch möglich sein wird, vom Staat Arbeitszeitverkürzung, Versicherung gegen die neuen Risiken und Einführung einer allgemeinen Absicherung in medizinischer Hinsicht und im Bereich der Ausbildung zu erwarten. Dies wird immer schwieriger werden, wenn aufgrund der Fortschritte im Bereich des Wissens und der Wissenschaften die Minimalkosten für Gesundheit und Ausbildung ansteigen werden. Anders gesagt, die Reduzierung der Ungleichheiten angesichts der Risiken wird immer kostspieliger werden und immer höhere soziale Transfers erfordern, die man bei einem vagabundierenden Kapital nicht wird aufrechterhalten können. Man wird diese Unmöglichkeit durch positive Diskriminierung zugunsten der ethnischen, geschlechtlichen und sozialen Minderheiten kompensieren, sowie Quoten an den Universitäten oder für öffentliche Posten durchsetzen.

Dieser Weg wird aber nur dann begangen werden können und effizient sein, wenn man die gleichen Waffen wie der Markt benutzt. Das heißt, indem man sich auf kontinentaler Ebene einrichtet und Umverteilungsinstrumente dorthin transferiert. In den kommenden zwanzig Jahren werden manche aus Europa, der ersten multinationalen Einheit, die erste kontinentale Sozialdemokratie machen wollen. Um dieses Ziel zu erreichen, werden sie die Sozialversicherungssysteme vereinheitlichen müssen. Der Kampf wird auf diesem Feld geführt werden, zwischen öffentlichen und privaten Systemen. Zwischen Gleichheit vor den Risiken und der Freiheit, sich so zu schützen, wie es einem gefällt, zwischen Sozialversicherung und Pensionsfonds.

Dann, wenn Markt und Technologie zum Aufstieg eines wahrhaftigen weltumspannenden Bewusstseins beigetragen haben werden, wenn um die Mitte des Jahrhunderts die Ungleichheiten absolut unerträglich und gefährlich für die Reichsten der Reichen geworden sein werden, werden alle sozialdemokratischen Parteien der Welt die Ausdehnung dieser Umverteilungsinstrumente auf eine weltumspannende Ebene vorschlagen können.

Manche werden die Umwandlung der Welt in eine Art von weltumspannenden *«Sonnenstaat»* vorschlagen, damit jeder wie bei Campanella eine Arbeit und eine Wohnung hat und auch genügend Geld, um seine Familie großzuziehen.

Andere werden zumindest eine *weltweite Kontrolle über die Monopole* in Bezug auf Wasser, Erdöl und Grundstoffindustrien fordern. Und, vor allem, die kollektive Aneignung der großen Pensionsfonds, die sich mehr als die Hälfte des Weltvermögens angeeignet haben werden.

Wieder andere werden die *gleichmäßige Aufteilung des Welteinkommens* zwischen allen Terranern vorschlagen, was darauf hinausliefe, heute jedem das Äquivalent von achttausend Euro pro Jahr zu garantieren, das ist in Frankreich die Hälfte eines durchschnittlichen Jahreseinkommens.

In einer kaum realistischeren Version der egalitären Utopie werden andere vorschlagen, nur solche Ungleichheiten zu erlauben, die niemanden schädigen. Zu diesem Zwecke werden sie die Einrichtung eines *Mindesteinkommens für jeden Terraner* vorschlagen, das von jedem Staat verteilt und über Transfers zwischen reichen und armen Nationen finanziert wird, eventuell sogar über eine weltweite Steuer auf finanzielle Transaktionen. Man könnte dieses Minimaleinkommen zum Beispiel auf ein Fünftel des Durchschnittseinkommens der Einwohner eines jeden Landes festlegen. Die Kosten wären nicht exorbitant (ungefähr 3% des Weltprodukts). Aber um das Projekt ausgeglichen zu finanzieren, müsste man auf dem ganzen Planeten Steuern einheben, alle Steuerparadiese aus der Welt schaffen und die Überweisung von okkulten Zusatzeinkommen kontrollieren. Es wäre auch erforderlich, jedem gleichen Zugang zu einer Grundausbildung und zu den minimalen Sozialeinrichtungen zu sichern, deren Kosten ständig steigen werden.

Natürlich werden die Hindernisse bei der Durchführung solcher Reformen die gleichen sein – in einer schlimmeren Form noch – wie jene, mit denen manche Leute beim Versuch, sie jeweils nur landesweit einzuführen, zu kämpfen hatten.

Insgesamt werden alle drei Utopien in eine Sackgasse führen. Die Ewigkeit wird unerreichbar bleiben, die praktisch unendliche Ausdehnung des Marktes wird die Freiheit unerträglich machen, jene der Demokratie wird die öffentlichen Ausgaben in praktisch unbeschränkte Höhen treiben. Bald werden die Explosion der sozialen Transfers in den mittleren Klassen und die Flucht der Reichen vor der Solidarität sich kumulieren. Freiheit und Gleichheit werden einander wie in einem Pistolenduell gegenseitig niedergestreckt haben.

Andere werden dann schließlich den bescheideneren Vorschlag machen, ihr Paradies in kleineren Einheiten zu suchen, in etwas Ähnlichem wie *urbanen Sozialdemokratien*. Diese werden sehr reale Orte bewusst uneigentlich als Utopien bezeichnen, Orte, an denen es sich angenehm leben lässt. Diese Orte werden sie dem Rest der Welt als Modelle vorgeben.

Utopische Orte: Zwei Kontinente, fünf Städte

Von Deutschland bis Spanien, von Chile bis Kambodscha, von China bis Russland haben zahlreiche Länder wenigstens einmal im Verlauf ihrer Geschichte und in der Regel zum Unglück ihrer Bewohner den Anspruch erhoben, Pioniere zu sein, Leitsterne der Menschheit.

Heute ist es der Markt, der eine Art von *Hitparade* der Nationen erstellt – je nach ihrem Reichtum oder je nach der Zahl der Touristen, die sie besuchen.

Die Inseln werden, wie wir schon gesehen haben, die ersten natürlichen Kandidaten für die Lokalisierung von Utopien darstellen. Als Wahlheimat für die Handelsfreiheit, als Steuerparadiese, als Orte der letzten egalitären Regimes und Bastionen des experimentellen Sozialismus bleiben sie Vorzeigeobjekte des utopischen Diskurses. Insbesondere die Karibik konzentriert heute merkwürdigerweise den reichhaltigsten Katalog mancher als perfekt ausgegebenen Gesellschaften auf sich: Es ist tatsächlich nicht weit von den Kaiman-Inseln nach Kuba und von Guyana nach Moustique!

Im Wesentlichen werden aber die bemerkenswertesten Wunschorte in Zukunft wie schon in der Vergangenheit dort sein, wo die individuellen und kollektiven Möglichkeiten am größten sein werden. Zunächst – in diesem Jahrhundert wie schon im Verlauf der fünf letzten Jahrhunderte – in den Vereinigten Staaten und in Europa.

Tocqueville hat zwar die Amerikaner als «gleich geboren anstelle es zu werden» beschrieben und als Menschen, die unter einem «sanften Despotismus leben [...], dem der Ähnlichkeit und einer fehlenden Elite», aber die Vereinigten Staaten werden weiterhin der Ort sein, wo man alle Freiheiten ausprobiert, wo man alle Gelegenheiten nutzt. Zumindest werden sie dieses Bild immer noch durch ihre Kinoproduktionen, ihre Produkte und ihre Werbespots vermitteln. Und für die Hyperklasse der Welt werden sie es lange Zeit bleiben.

Seit Jahrhunderten ist auch *Westeuropa* eine Utopie für die aus dem Süden Gekommenen, die darauf hoffen, sich dort einrichten zu können und auf diese Weise dem Elend zu entfliehen. Dabei ist Westeuropa sich dessen gar nicht bewusst, dass es eine Utopie darstellt: Man spricht von einem «amerikanischen Traum», aber niemals von einem «europäischen». Dabei könnte es einen hervorbringen: jenen, alle Länder des Kontinents in eine föderale Einheit zusammenzuschließen, die mit einem Parlament, einer Regierung, Mitteln zur Führung einer Außen-, Verteidigungs- und Kulturpolitik ausgestattet ist und die Besonderheiten jedes Einzelnen respektiert, sodass sich nach und nach eine kontinentale Sozialdemokratie in der Praxis erfinden kann.

Zwei Kontinente, zwei atlantische Schauseiten, zwei Möglichkeiten am Scheideweg des europäischen Schicksals, eine in Richtung Freiheit, die andere in Richtung Gleichheit. Beide sind aber relativ.

Anderen werden diese beiden Kontinente als zu groß erscheinen, zu unterschiedlich und zu unvollkommen, um wirklich eine Utopie darstellen zu können. Die *Stadt* wird, in Zukunft mehr als in der Vergangenheit, der privilegierte Ort der Utopie sein, wo die verschiedenen Forderungen sich vermischen und in harmonische Kompromisse auflösen. Ein zukunftsträchtiger Ort für Ewigkeit: Die Stadt ist das einzige Lebewesen, das sich wirklich verjüngen kann.

Jeder hat präzisere Orte im Kopf, Quellen der Inspiration und Orte der Zuflucht vor der Welt. Jeder behält sie für sich, damit sie nicht unter den Besucherzahlen untergehen und degenerieren, denn der schlimmste Feind einer Utopie ist das Überlaufen-Werden, die Saturation.

Sollte ich meine eigene Rangordnung aufstellen und dabei meine Präferenzen mit den Kriterien zusammenführen, die ich definiert habe, würde ich folgende Städte als die fünf urbanen Versuchsstationen der Zukunft bezeichnen: Jerusalem, New York, Paris, Singapur und Rio de Janeiro.

Von der ersten dieser Städte habe ich schon gesprochen. Andere verdienten es, hier ebenfalls genannt zu werden: Isfahan, Rom, Moskau, ganz zu schweigen von Palenque oder Borobudur.

New York, weit davon entfernt, eine untergehende Megalopole zu sein, ist die Stadt, wo alles entsteht, wo alles erfunden wird, wo alle Marken, alle universellen Produkte ihre Schaufenster finden. Eine Utopie der Freiheit vor allem. (Mit einer Utopie in der Utopie: ein kleines Quadrat zwischen Central Park und Soho ...) Sogar über Produkte und Güter hinaus eine globale Stadt, ein Schmelztiegel, ein Ort der Begegnungen, ein Kreuzungspunkt aller Bevölkerungen, die dorthin gekommen sind, um reich zu werden, aller Künstler, die dorthin gekommen sind, um berühmt zu werden. Die am wenigsten westliche Stadt der westlichen Welt, im Unterschied zu London oder Los Angeles, ebenfalls Emigrantenstädte, aber beide sind ein Nebeneinander zahlreicher Vereinzelungen, von nach Ethnien segmentierten Vierteln, und mit Bunkern von Reichen, die an die Ghettos der Armen grenzen. New York verkörpert besser noch als Silicon Valley, das heute alle zwanzig Minuten einen neuen Dollarmillionär produziert, die Freiheit des Marktes.

Singapur verkörpert bereits für ganz Asien den Traum vom florierenden Stadtstaat, der die Prinzipien der Gleichheit und des Mischens für sich reklamiert, alle Rassen mischt, alle Religionen, jedoch geschützt vor jeglicher feindlicher Umwelt, vor allen Produkten, Fahrzeugen oder Individuen, die als unerwünscht kenntlich gemacht wurden. Die Stadt mit dem höchsten Lebensstandard der Welt, der wichtigste Hafen des Planeten, ein Ort relativer Gleichheit – in jedem Fall ein Ort, wo die Ungleichheiten nicht zu schreiend sind. Singapur wird – immer auf der Hut – nicht nur ein Ort sein, an dem viele gerne leben würden, sondern auch ein Modell, dem viele Städte, insbesondere Hafenstädte, gerne nacheifern würden, und zwar durch Reduzierung von Freiheiten zum Zwecke der Verminderung von Ungerechtigkeiten, durch Isolierung vom Hinterland zum Zwecke der Öffnung zum Ozean hin, durch das Anlocken der benachbarten Eliten mit allen Mitteln. Es wird in Zukunft viele «Singapurs» auf der ganzen Welt geben.

Paris, weniger kosmopolitisch als New York, ist nichtsdestotrotz ein weiteres unverzichtbares Modell für ein mögliches Gleichgewicht. Als die am wenigsten durch Ungleichheiten und Schwächung der öffentlichen Dienste entstellte Metropole der Welt, als die am häufigsten besuchte Hauptstadt, wird es der Archetyp des Kompromisses zwischen der Sehnsucht nach Ewigkeit, der Handelsfreiheit und einer relativen sozialen Gerechtigkeit bleiben. Unter der Bedingung, dass es der Stadt gelingt, die vollständige Invasion ihrer Straßen durch den Markt und die Aufgabe ihrer Vororte zu verhindern ...

Rio de Janeiro kündet von einer anderen Art urbaner Utopie, die aus einer Mischung von Träumen und Albträumen gemacht ist, eine funkelnde Utopie der Kulturmischungen, des Nebeneinanderexistierens von größtem Reichtum und tiefster Armut, der unbeschränkten Freiheiten, der generösen Solidaritäten im Schoße von immer wieder neu erfundenen Clans. Rio ist das strikte Gegenteil von New York im Technologiebereich, von Paris im Bereich der öffentlichen Dienste, von Singapur im Sicherheitsbereich, von Jerusalem im Bereich der Spiritualität. Rio ist wie ein Planet der Zukunft, barbarisch und jubelnd. Vielleicht könnte man sich sogar dazu hinreißen lassen, in dieser Stadt ein Versprechen dessen zu sehen, was die Brüderlichkeit mit ihren Clans vagabundierender, freier und solidarischer Kinder sein könnte, die in Ermangelung eines Besseren dem Hunger und den Todesschwadronen die Stirn bieten.

Kapitel VI

Nomadenbrüder

> «Da hoben die Kinder den Kopf und erinnerten sich ihrer Großväter, die ebenfalls von ihr gesprochen hatten.»

Vagabundierende, nomadische Brüder.[2] Nicht nur menschliche Brüder. Nicht nur lebendige Brüder. Sondern glückliche Brüder, glücklich darüber, dem Lächeln des Anderen in Einsamkeit und Irrfahrt zu begegnen. Die auf diese Weise überraschende Gemeinschaften bilden, unvermutete Sippen.[3]

Alle anderen Utopien führen in Sackgassen oder sind zum Scheitern verurteilt. Ewigkeit ist ganz offensichtlich unerreichbar; Freiheit erzeugt nur einen unstillbaren Drang nach weiteren Freiheiten; um die tausenderlei Formen der Not abzuschaffen, bräuchte es viel mehr als Besitzteilung. Die Menschen werden weder auf der Grundlage von Angst noch von Hab- oder Eifersucht eine Zivilisation errichten können.

Und da die Utopie so wie das menschliche Los eine Reise ist, wird der künftige Vagabund sich weder mit einer Suche nach immer wieder außerhalb seiner Reichweite verlegten Objekten oder Freuden zufrieden geben noch eine gleiche materielle oder seelische Unzufriedenheit gerecht mit anderen teilen wollen. Er wird seiner Reise einen Sinn geben müssen. Und auf seiner Wanderung wird er Anerkennung und Achtung fordern, er wird Gelegenheiten zum Schenken, zum Lieben, zum Lachen, zum Großzügigsein suchen. Genau dies lässt die Utopie der Brüderlichkeit erhoffen. Und nur sie.

Darin ist sie die Utopie des Nomaden. Mit ihm kehrt sie zurück.

Seit die Französische Revolution sie nahezu mit Gewalt in den Wahlspruch Frankreichs eingebracht hatte, war sie allerdings beinahe verschwunden. Die meisten Revolutionäre des neunzehnten und des zwanzigsten Jahrhunderts betrachteten sie als verschwommenes und naives Konzept, gerade gut genug für Christen, Freimaurer oder Dummköpfe. Auf jeden Fall jenen vorbehalten, die nicht verstehen, dass das Glück nur mit Hilfe von Gewehrschüssen und Streiks erobert und geschützt werden kann.

Sie zeigt sich zu Beginn des schrecklichen zwanzigsten Jahrhunderts nur als ferne Hoffnung. Sie ist da, eine rebellische Evidenz, als die großen Gemetzel des Jahres 1916 den verzweifelten Soldaten beider Lager nur mehr den Tod oder die «Fraternisierung» mit dem Feind als Alternative lassen. Manchmal wird daraus im Übrigen beides, denn fraternisieren bedeutet im konkreten Fall verraten. Sie ist auch da in den Gulags aller Reussen, in den Lagern aller Deutschen, wenn sie zur Überlebensbedingung wird. Sie ist weiters in Indien präsent, als Mahatma Gandhi aus ihr die Waffe der Würde macht. Und in den Kirchen Südamerikas, als das Elend Pater Camilo Torres und seine Anhänger dazu bringt, gegen Rom die Befreiungstheologie zu denken. Sie ist schließlich jedes Mal da, wenn jemand den wahrhaft revolutionären Mut hat, einfach klar auszusprechen, dass das Glück des Anderen in jedermanns Interesse liegt.

Sie kündigt sich auch dann an, wenn man ihr andere Namen verleiht: Altruismus oder Verantwortungsgefühl, Mitgefühl oder Großzügigkeit, Liebe oder Toleranz.

Vorboten der Brüderlichkeit

Im Durcheinander der Welt rauscht es wie bei einem prickelnden Warten. Warten auf das Hinaustreten aus Einsamkeit, Isolierung und Liebesmangel. Manche träumen von vollkommenen Gesellschaften, in denen dieser Mangel aufgehoben wäre. Wieder andere von Revolutionen, durch welche die Bösen und die Profiteure eliminiert würden. Andere wiederum stellen in ihrem stillen Winkel Kunstwerke her, die auf Utopien verweisen.

Hinter dem anarchistischen Händler stand Cervantes. Hinter dem Gleichheit reklamierenden Lohnabhängigen stand Zola. Hinter dem brüderlichen Nomaden steht Tolstoi, der wider jegliche Vernunft den Sieg der Güte über das Böse und des Verzichts über die Laster erhoffte. Nach ihm hüteten andere Romanciers in allen Ländern und allen Kulturen die winzige Flamme. Wir wollen nur einen zitieren, einen, der die Utopie der Brüderlichkeit zum expliziten Thema eines hervorragenden Romans machte: Robert Heinlein mit *Fremder in einer fremden Welt*. Wieder andere – Musiker, Maler, Schauspieler –, die ihr Glück darin finden, Anderen Glück zu schenken. Auf extrem unterschiedliche Weise stellen sie immer wieder nur eine einzige Frage: «Kann man jenen gefallen, die einem nicht ähnlich sind?»

Ohne dass sich jemand dessen schon bewusst wäre, ist die

Utopie der Brüderlichkeit bereits jetzt die entscheidende Kraft, in deren Sog die Avantgarde der Welt sich vorwärtsbewegt.

Sie kündigt sich zuerst einmal in der Verweigerung der Einsamkeit an, von der sich der Markt nährt, der isoliert, damit man konsumiert, und des eifersüchtigen Neides, von dem sich die Forderung nach Gleichheit nährt.

Sie kündigt sich weiters in der Nachfrage nach Dienstleistungen an, die gerade die Einsamkeit kompensieren sollen, indem sie die Beziehung zum Anderen aufwerten, genauer gesagt nach Dienstleistungen im Bereich der Gastlichkeit: Tourismus, Gastronomie, die Kunst, Leute zu empfangen, alles, was die Neugierde stimuliert und befriedigt, was einlädt zum Kombinieren, was lehrt, zu erkennen, zu geben und aufzunehmen, was das Handwerk schützt und fördert, lebendige Darbietungen, Netze, alles, was aus dem Wunsch, sich an der Lust des Anderen zu erfreuen, geboren wird.

Sie kündigt sich auch in den innerhalb der modernen Ökonomien immer häufiger werdenden Situationen an, in denen *der eine auf den Erfolg des anderen angewiesen ist.* Was in der Mathematik als «Nullsummenspiel» und auf Englisch als *win-win-situation* bezeichnet wird. Beispielsweise in den Sektoren, wo Unternehmen erkennen, dass der Erfolg von jemand anderem in ihrem Interesse liegt, in den Telekommunikationsnetzen, wo jeder umso mehr Nutzen daraus zieht, je mehr Teilnehmer darin kommunizieren. Im Bildungs- oder im Gesundheitsbereich, wo jeder langsam erkennt, dass es in seinem Interesse ist, wenn alle anderen genauso gut ausgebildet und in einem genauso guten Gesundheitszustand sind wie er, und sei es nur, damit sie keinen Schaden anrichten und auch keine Last darstellen.

Schließlich in den Sektoren, wo der Markt beweist, dass fast alle letztendlich verlieren, wenn jeder sich nur für sein eigenes Schicksal interessiert.

Sie existiert weiters im *Vergnügen, etwas zu vermitteln,* wenn absolut kein persönliches Interesse mit im Spiele ist. Wenn Menschen Vergnügen daran finden, die Einsamkeit des Anderen durch ihre Anwesenheit auszufüllen, Mitgefühl für das Leiden des Anderen zu zeigen, zu geben ohne Hoffnung auf Gegenleistung, Kinder zu adoptieren um des schlichten Vergnügens willen, sie glücklich zu sehen, sich um behinderte Personen zu kümmern, um Schwache, damit sie eine Gelegenheit zu menschlichem Verhalten bekommen, ohne Erwartung einer Würdigung oder eines Lohnes.

Sie existiert auch in dem unerträglichen Schuldgefühl, das in einem entsteht und wächst, wenn man weiß, dass man gegen jemandes Unglück etwas unternehmen könnte, aber mit hängenden Armen danebensteht, schuldig des Delikts der unterlassenen Hilfeleistung an einer von Einsamkeit oder Traurigkeit bedrohten Person. Die allgemeine Erweckung von Schuldgefühlen, welche die Medien betreiben, stellt im Übrigen, auch wenn dies nicht in ihrer Absicht liegt, einen ungeheuren Entwicklungsfaktor für die Brüderlichkeit dar.

Im Osten existiert sie in allem, was das schöne Wort *Mitgefühl* an menschlicher Fülle in sich birgt.

Sie manifestiert sich alsdann im großartigen Aufschwung der *karitativen Aktionen,* in der rasanten Vermehrung regierungsunabhängiger Organisationen, die im Zuge der Mobilisierung, die auf alle Naturkatastrophen folgt, helfen wollen, für Lebensmittel sorgen, retten, pflegen, reparieren; in der wachsenden Bereitschaft, eventuell das eigene Leben zu riskieren; und implizit sogar in der Idee der Globalisierung.

Sie existiert im jeweiligen Auftauchen *neuer juristisch-politischer Kategorien,* wie dem Recht und der Pflicht auf Einmischung; in der schüchternen und ungeschickten Einführung von Instrumenten der internationalen Justiz.

Sie existiert vielleicht immer stärker in einer entsetzten Verweigerung der Einsamkeit in den Städten, in der übersteigerten Suche nach dem Anderen, wer immer er auch sei: ob Menschenbruder oder Haustier.

Sie entfaltet sich in den Wissensgesellschaften, indem sie die Fähigkeit aufrechterhält, sich an die Stelle des Anderen zu versetzen, zu vergleichen, Beziehungen herzustellen. Denn Intelligenz ist gar nichts, wenn es niemanden gibt, der sie schätzt oder teilt. Daher ist Brüderlichkeit auch die *Anerkennung der Bedeutung des Anderen* für die Verwirklichung der eigenen Bestrebungen.

Schließlich setzt sich die Brüderlichkeit heute durch, weil sie *kumulativ* ist: zur Freude des Empfangens und zu der des Gebens kommt die Freude *des Empfangens im Wissen, dass dies demjenigen, der gibt, Freude bereitet* («Es bereitet ihm eine solche Freude, mir Freude zu bereiten, dass es mir Freude bereitet, ihm zu gestatten, mir Freude zu bereiten.»). Indem er dem Gebenden Achtung erweist, ermuntert er jenen dazu, noch mehr zu geben.

Der Andere und die Anderen

Wer aber ist der Andere?

Er ist in erster Linie *der Schwache, der Mittellose, der Einsame, der Fremde, der Verlorene.* Und die *Gastlichkeit* ist die erste, die wichtigste Form der Brüderlichkeit, sehr einfach definiert als *der Wunsch des Gastgebers, den Gast zu empfangen.* Die Wortverwirrung[4] verweist im Übrigen auf die Gleichwertigkeit der erwiesenen und empfangenen Dienste. Der «hôte» ist tatsächlich gleichzeitig jener, der empfängt und jener, der empfangen wird. «Empfangen» ist sogar ein Synonym für die Aufnahme des Gastes, dafür, dass man ihn feiert. Man sagt: «einen Empfang geben».

Der Andere kann auch der *Mächtige* sein. In diesem Fall geht die Brüderlichkeit vom Schwachen zum Starken. Sie kommt in der Bewunderung, in der geteilten Freude über den Erfolg des Anderen zum Ausdruck. Sie ist dann ein Akzeptieren von Ungleichheiten; sie setzt auf diese Weise der Lust ein Ende, die einem das Unglück der Anderen bereitet, dem durch ihren Erfolg erregten Kummer, dem durch ihr Glück hervorgerufenen eifersüchtigen Neid, der Undankbarkeit oder dem Hass derjenigen, denen man einen Dienst erwiesen hat. Daher kommt die große Bedeutung des Unterschiedes: Es ist umso leichter, den Erfolg des Anderen zu schätzen, wenn die Erfolgsmodelle breit gefächert sind.

Der Andere ist auch *der Fremde in der Zeit*, der Bewohner der *vergangenen und zukünftigen Generationen,* mittellos, weil abwesend, nicht in der Lage, an den aktuellen Entscheidungen teilzuhaben, die ihn sehr wohl betreffen.

Der Andere, das sind schließlich in einer sehr stark erweiterten Konzeption von Brüderlichkeit *alle Lebewesen*, nicht nur menschliche Wesen.

In ihrer am weitesten gehaltenen Definition besteht Brüderlichkeit darin, Freude am Glück all dessen zu finden, was jemals lebte, was lebt und was leben wird. Ein universeller Altruismus der sich an den Anderen und an alle Anderen wendet.

Der unbedingt erforderliche Andere

Wenn man Freude am Glück Anderer findet, dann vor allem deswegen, weil der Andere für das eigene Glück unbedingt erforderlich ist.

Der Andere ist zuerst einmal das einzige Mittel zur *Vergewisserung der eigenen Existenz,* und er bestätigt durch eine Reaktion bzw. durch eine Antwort die Intuition, die man als «Selbstbewusstsein» bezeichnet. Vielleicht begründet er es sogar: ein menschliches Wesen, das sein ganzes Leben lang niemanden zu Gesicht bekommen hätte und nicht das Gefühl kennen würde, dass irgendwo jemand anderer existiert, sei es ein Tier oder ein menschliches Wesen, hätte zweifellos kein Bewusstsein seiner selbst.

Der Andere ist unbedingt erforderlich zum *Kommunizieren,* zur Vermeidung von Einsamkeit: Zum Reden muss man zu zweit sein. Das *Sprechen* ist der Hauptbeweis für die Notwendigkeit des Anderen. Keine Sprache ohne den Anderen. Auch kein Geld ...

Der Andere ist unbedingt erforderlich zum Erlangen von *Achtung.* Man kann nicht geachtet werden, wenn niemand da ist, es zu tun. Achtung ist kumulativ: Je mehr wir den Anderen achten, je mehr seine Achtung für uns zählt, desto mehr tun wir das für ihre Erhaltung Erforderliche.

Der Andere ist unbedingt erforderlich für die *Arbeitsteilung.*

Gleichzeitig darf diese nicht zu weit getrieben werden; sonst kann der Produzent keine Freude am Glück seines Kunden finden.

Der Andere ist unbedingt erforderlich für die *Ausübung von Güte und Großzügigkeit.* Man kann nicht großzügig sein, wenn es niemanden gibt, dem man etwas geben kann. Und der Andere gestattet einem *die Lust, großzügig zu sein.* Um, wie der Don Juan von Molière sagt, etwas «aus Liebe zur Menschheit» zu tun.

Der Andere ist unbedingt erforderlich für den, der *die Freude* sucht, *Freude zu geben* – überall, wo die Lust des Verführens und Verführtwerdens eine doppelte, wechselseitige ist.

Was jene betrifft, die sich in Wirklichkeit nur für sich selber interessieren, so können sie auch bedenken, dass sie notwendigerweise *für jemand Anderen der Andere* sind. Und dass sie, wenn sie sich für das Glück der Anderen interessieren, wenigstens gleich viel im Gegenzug erwarten können.

Wenn beide von einer gemeinsamen Aufgabe in Anspruch genommen sind, wenn sie zu einem Netz gehören, das eine Funktion erfüllt, dann ist nicht nur die Existenz des Anderen für jeden Einzelnen unbedingt erforderlich, sondern auch sein größtmöglicher Erfolg, die bestmögliche Ausfüllung seiner Rolle im Netz. Bei einem *bedrohten Stamm* haben alle seine Mitglieder Interesse an einer guten gesundheitlichen Verfassung der Anderen, damit sie sich an der gemeinsamen Verteidigung beteiligen können. In einem *Orchester* hat jeder Musiker ein Interesse daran, dass die Anderen möglichst gut spielen. In einer *Theatertruppe* hat jeder Schauspieler ein Interesse daran, dass die anderen ihre Rolle beherrschen und mit Talent interpretieren. In einer *Fußballmannschaft* hat jeder ein

Interesse daran, dass die anderen Spieler in ihren jeweiligen Positionen ausgezeichnet spielen.

Brüderlichkeit kann schließlich auch außerhalb von Tauschbeziehungen entstehen. Zum Beispiel, wenn man Leben oder Glauben schenkt: Man kann seine eigene Geburt weder aushandeln noch kaufen oder verkaufen, sie ist ein Geschenk, das vom Tausch ausgeschlossen ist, das niemals Objekt eines Kalküls von seiten dessen sein kann, der das Leben empfängt. Die Mutterschaft ist in dieser Beziehung der grundlegende brüderliche Akt. Auch Glauben schenken ist ein Geschenk, über das sich nicht verhandeln lässt. Man kann, wenn man ehrlich zu sich selber ist, nicht so tun, als ob man glaubte. Leben und Gnade sind zwei Dinge, bei denen man den Umstand, ob man sie empfängt oder nicht, nicht aushandeln kann – und daher stellen sie zwei entscheidende Manifestationen der Brüderlichkeit dar. (Zu dieser Liste nicht verhandelbarer Güter würde man gerne die Liebe hinzufügen – aber zweifellos kann man die Liebe des Anderen erhandeln?)

Brüderlichkeit kann wie ihre Verweigerung das Resultat eines Kalküls sein. Sie kann aus Eigennutz ausgeübt werden, in Situationen, in denen jeder den Anderen braucht, seinen Erfolg gegen den des Anderen eintauscht (dies trifft beim Markt zu) oder darauf angewiesen ist, dass der Andere seine eigenen Ziele erreicht (dies trifft bei der Teamarbeit zu); wenigstens in den Situationen, wo niemand etwas entbehren muss, wenn der Andere etwas empfängt (dies trifft bei der Erziehung zu: ich muss nichts entbehren, wenn die Ausbildung des Anderen eine bessere ist.) Und auch wenn man erkennt, dass sie Gleichheit und Brüderlichkeit miteinander vereinbar macht.

Auch die Verweigerung der Brüderlichkeit kann also das

Resultat eines Kalküls sein: wenn es darum geht, den Rivalen zu vernichten, anders gesagt, den, der einem am ähnlichsten ist, der also das gleiche seltene Gut begehren wird und mit dem man darum wird ringen müssen. So war das schlimmste aller Verbrechen, die Shoah, der Wille, gerade denjenigen zu vernichten, der einem am ähnlichsten war, der durch seine unerträglich gewordene Identität zufällig zum Rivalen geworden war. Diese Verweigerung kann auch aus einer Laune heraus entstehen: um wehzutun aus dem einfachen Vergnügen daran, Schaden zu stiften, auch ganz ohne Kalkül, ohne Wettbewerb, ohne Knappheit. Um das Unglück des Anderen zu genießen, den zu zerstören, der rettet, um *grundlos*[5] Schaden zu stiften, Freude am Foltern zu empfinden, am Töten. Als ob es einen gemeinsamen Nenner gäbe zwischen Böses tun und Gutes tun: In beiden Fällen ist es etwas tun, beweisen, dass man existiert, indem man Einfluss nimmt auf die Welt und vor allem auf die Anderen.

Sowohl Sade als auch Kant haben nur eines im Sinne, wie Lacan schreibt: eine Spur zu hinterlassen anhand von einander symmetrisch entsprechenden Mitteln.

Freiheiten, Gleichheiten, Brüderlichkeiten

Das Wort Brüderlichkeit ist so stark mit Bedeutungen befrachtet, dass es einem schwer fällt sich vorzustellen, dass jemals ein politisches Programm darauf gegründet werden könnte. Niemand macht gern Politik mit gut gemeinten Gefühlen. Trotzdem bin ich davon überzeugt, dass eines Tages alle Programme, die der Linken wie die der Rechten, sich darauf zumindest implizit beziehen werden – sei es um Werbung dafür zu machen oder um sich dagegen zu stellen; der Liberalismus wird es ebenso wie die Sozialdemokratie für die eigenen Zwecke und Auffassungen verwerten wollen. Alle Utopien werden sich unter diesem Banner versammeln.

In erster Linie verleiht Brüderlichkeit der Ewigkeit einen menschlichen Sinn, indem sie jeder Generation ermöglicht, ihr Glück in dem der folgenden Generationen zu finden, indem sie ihnen eine bessere Welt hinterlässt als jene, die man selber vorgefunden hat, und auf diese Weise den Fortbestand des Lebens in einem unendlich fortgesetzten und weiterübertragenen Streben nach dem Glück sichert.

Und schließlich versöhnt die Brüderlichkeit Freiheit und Gleichheit. Besser noch: Während die drei Utopien in Zweierkombinationen inkompatibel sind, macht jede Einzelne die beiden anderen vereinbar.

Brüderlichkeit löst auf diese Weise den ältesten Widerspruch der Geschichte der politischen Ideen, an dem alle Theoretiker seit Jahrhunderten ins Stocken geraten waren: jenen zwischen Freiheit und Gleichheit. Das lässt sich ohne weiteres beweisen:

Brüderlichkeit macht Freiheit und Gleichheit kompatibel.

Die Freiheit eröffnet ein Recht auf das Anhäufen von Reichtümern, das Ungleichheiten und Neid und Eifersucht erzeugt, außer wenn die Brüderlichkeit es ermöglicht, Freude am Erfolg der Anderen zu empfinden. Umgekehrt kann Gleichheit nicht aufrechterhalten werden, ohne dass man Freiheiten angreift, außer wenn jedermann Freude daran empfindet, mit den Anderen zu teilen.

Freiheit macht Gleichheit und Brüderlichkeit kompatibel.

Niemand kann Freude dabei empfinden, wenn er gezwungen wird, sich jemand Anderem gegenüber als gleich zu betrachten. Umgekehrt bedeutet dazu gezwungen werden, Freude angesichts des Erfolges des Anderen zu empfinden, wiewohl dieser Erfolg vom Elend eines Dritten begleitet ist, ein Tolerieren der Ungerechtigkeiten um der Freude willen, den Reichen eine Freude zu erweisen.

Gleichheit macht Brüderlichkeit und Freiheit kompatibel.

Da sie Lust am Glück des Anderen ist, kann Brüderlichkeit dann, wenn es keine Forderung nach Wechselseitigkeit gibt, in die masochistische Lust an der Unterwerfung abgleiten. Sie kann auch in Gewalt abgleiten: die beim Geben empfundene Freude kann – wie zum Beispiel beim Potlach – zu einer Herausforderung, zu einer Machtdemonstration, zur betont auffälligen und exhibitionistischen Großzügigkeit des Chefs werden. Brüderlichkeit wird daher nur in der Wechselseitigkeit ausgeglichen.

Umgekehrt stellt Freiheit ohne Gleichheit einen Widerspruch zur Brüderlichkeit dar: Man kann kein Interesse am Erfolg des Anderen empfinden, wenn man ihm nicht zumindest die Mittel zugesteht, einem gleich zu sein. Eine brüderliche Gesellschaft könnte also Armut nicht tolerieren.

Insgesamt gesehen macht Brüderlichkeit nicht nur Freiheit und Gleichheit miteinander kompatibel, sondern sie erlaubt sogar beiden, sich aus sich selber zu erhalten.

Die Grenze zwischen Markt und Demokratie

Brüderlichkeit ermöglicht der Demokratie und dem Markt eine effizientes Funktionieren.

Zuerst setzt die Effizienz des Marktes voraus, dass alle seine Akteure dort ihre sämtlichen Wünsche und Neigungen befriedigen, d.h. dass jeder ein Interesse daran hat, ein Gut oder eine Dienstleistung zu kaufen oder zu verkaufen.

Ebenso setzt die Ausübung der Demokratie eine bestimmte Form von Brüderlichkeit voraus, da eine Minderheit dort genügend Wohlbefinden finden muss, um mit jeder von einer Mehrheit getroffenen Entscheidung vorlieb zu nehmen.

Brüderlichkeit bringt sogar jedes einzelne Mitglied der Mehrheit dazu, seine persönliche Zufriedenheit zu erhöhen, indem es den sich in der Minderheit Befindenden dabei behilflich ist, die ihre zu steigern. Die armen Mehrheiten finden also ihre Freude an der Entfaltung und an der Entwicklung der reichen Minderheiten, einschließlich der Anhäufung von Gütern, ohne dass sie sie mit Steuern niederdrücken. Umgekehrt finden die reichen Mehrheiten ihre Freude daran, den Minderheiten bei ihrer Selbstentfaltung behilflich zu sein, zum Beispiel, indem sie berücksichtigen, dass die Verbesserung des Gesundheitszustandes oder der Ausbildung jedes Mitglieds einer Minderheit eine sozial nützliche Aktivität ist, da sie den Wert der gesamten Gesellschaft erhöht.

Bestimmte Bereiche stehen im Widerspruch zur Brüderlichkeit, wenn sie vom Markt verwaltet werden. Das gilt vor allem für die Güter, deren aktuelle Verwendung früheren oder kommenden Generationen oder auch vom Markt Ausgeschlossenen schaden könnte. Die Brüderlichkeit erfordert dann ihre kollektive Verwaltung.

Ein Bereich kann also nur von der Demokratie zum Markt transferiert werden, wenn – und nur wenn – dies den Forderungen der Brüderlichkeit nicht widerspricht. Sonst muss er kollektiv verwaltet werden. Anders gesagt, die Brüderlichkeit fixiert Grenzen für den Markteintritt bestimmter Sektoren und verbietet dem Markt, auf gewisse «reservierte Bereiche» der Demokratie überzugreifen.

Also müsste die bloße Existenz von Brüderlichkeit schon einen Schutzwall gegen die ungerechtfertigte und schädliche Ausweitung des Marktes darstellen.

Es sei dabei gewarnt vor Lügen: Der Markt ist so geschickt, dass er sich ohne weiteres eine verschmitzte Maske der Brüderlichkeit aufsetzen, sie wie eine Ware verkaufen kann; er hat im Übrigen schon begonnen, hierin ein neues Feld für seine Eroberungen zu entdecken.

Brüderlichkeit.Net

So wie es Karikaturen von Freiheit und Gleichheit gab, wird es eines Tages sicherlich – es ist schon soweit – so genannte Warenbrüderlichkeiten, Warenbruderschaften geben. Die Marken, die Objekte, die Dienstleistungen werden die Brüderlichkeit in eine andere Richtung umleiten, sie tun es schon, so wie sie vorher die anderen Utopien in eine andere Richtung umgeleitet haben. Dies ist jedes Mal der Fall, wenn der Verkäufer seinem Kunden gegenüber direkt die Freude zum Ausdruck bringen kann, die er empfindet, wenn er ihn zufrieden stellt. Tourismus, Gastronomie, alle Dienstleistungssektoren im Bereich der Gastlichkeit, aber auch bestimmte Pflegeleistungen im Gesundheits- und Kosmetikbereich, die manchmal in Verbindung damit stehen, sogar Berufe im Unterhaltungsbereich verkaufen Brüderlichkeit.

Die Ideologen des freien Unternehmertums werden erklären, dass der Markt der Ort der Brüderlichkeit par excellence sei. Er ist nicht, werden sie sagen, der Ort der Begegnung für wohlverstandene Eigeninteressen, wie die Utopisten der Freiheit behaupteten – in erster Linie Adam Smith –, sondern ein Raum für wechselseitige Dienstleistungen, wo jeder seine Wünsche nur in dem Maße befriedigen kann, wie er die Wünsche der Anderen befriedigt. Konkreter gesagt wird man erleben, dass sich Verkäufer für ihre Kunden über alle

Verkaufsbelange hinaus interessieren. Sie werden ihnen anbieten, sich gratis um ihre häuslichen Probleme zu kümmern und sich in ihre Intimsphäre einschleichen. Sie werden Dateien und Datenbanken einrichten, die es ihnen gestatten, Brüderlichkeit nach Maß zu simulieren oder diese ehrlich in Ergänzung zum Markt zu leben.

Man wird reale Reisen in als brüderlich präsentierte Traumorte verkaufen. Man wird sogar besondere Orte einrichten, die ganz und gar einer Warenbrüderlichkeit, einer Warenbruderschaft gewidmet sind. Eine Website im Internet bietet bereits Häuser auf einer nicht genannten Karibikinsel zum Verkauf an, die in den Privatbesitz von Baufirmen übergegangen ist und auf New Utopia umgetauft wurde. Die Beschreibung dieser Insel stellt ein recht gutes Resumé dessen dar, was heute als Brüderlichkeit getarnter Egoismus sein kann:

«Eine komplette Stadt mit Kinos, Theatern, Geschäften, leicht über dem Meeresspiegel liegend, umgeben von Gärten und Kanälen, von Wassertaxis und Gondeln. Ein neues, aus dem Nichts entstehendes Land, das mitten in einem gemäßigt tropischen Meer geschaffen wird, in einem vollkommenen Klima: ein Paradies Utopia! [...] Wir planen die Errichtung des besten Krankenhauses der Welt in *New Utopia*, eines Krankenhauses, vor, das auf vorbeugende Behandlungen gegen Alterung und auf Langlebigkeitsmodalitäten spezialisiert sein wird, wo Sie alle Behandlungen werden erhalten können, die Sie wollen. Die Internationale Universität für Fortgeschrittene Studien ist gegründet worden, um sich den Disziplinen zu widmen, die für das Überleben auf der Erde im kommenden Jahrhundert sowie für die Kolonisierung der Ozeane und des Weltraums erforderlich sind.

Es werden Kurse übers Internet erteilt werden können. *New Utopia* wird von einem Gouverneursrat regiert werden, der den unserer Meinung nach vollkommensten Staat verwalten wird, der jemals errichtet wurde – auf Basis einer Vermischung der philosophischen Ansätze von Ayn Rand und Robert Heinlein. Ein Stadtstaat mitten in der Karibik, für Familie und Arbeit, mehr als hundert Meilen vom Festland entfernt, mit einem Flughafen, einem Hafen, Marinas, Grünflächen, Büros, Parks und Wohnanlagen für die Familien. *New Utopia* besitzt seine eigene unabhängige Zeitung, die Neuigkeiten aus dem Fürstentum bringt ...»

Alle Objekte, auch die, die nicht die Funktion haben, Lust zu schenken, werden sich als brüderliche Objekte tarnen. Statt zu versprechen: «Mit mir werden Sie der Beste sein», oder: «Kommen Sie mit mir in meine Welt, wo alle Menschen frei und gleich sind», werden zahlreiche Produkte und zahllose Werbungkampagnen den Konsumenten zuerst erklären: «Ich liebe Sie. Ihre Freude ist meine Freude»; oder auch: «Wenn Sie mir gestatten, Sie zu begleiten und zu geleiten, werde ich Ihnen helfen, jene zu finden, die Freude dabei empfinden werden, wenn sie Ihnen Freude machen.»

Man wird neue *brüderliche nomadische Objekte* auf den Markt bringen, wie Hausroboter, die bereits durch die *tamagoshis* virtuell angekündigt wurden und sich in Japan nun tatsächlich ankündigen, virtuelle Bruderschaften, brüderliche Klonbilder, dreidimensionale Spiele, die Brüderlichkeit simulieren.

Die künftigen Selbstüberwachungsobjekte, die es ermöglichen werden, Ausbildung und Gesundheit dem Markt anheimfallen zu lassen, werden ebenfalls als Instrumente einer perversen Brüderlichkeit präsentiert werden können, die es ihren Verwendern ermöglichen, Freude daran zu empfinden, dass sie einer Maschine Freude bereiten, indem sie die durch sie erzwungenen Normen einhalten. Dies trifft übrigens bereits auf die Mode zu: Jene, die ein Interesse daran finden, ihr zu folgen, tun das, von dem sie meinen, es gefalle den anderen. Oder auch der Ästhetik, die jene, die auf ihre Tyrannei sensibel reagieren, dazu bringt, ihrer Waage oder ihrem Spiegel Befriedigung zu verschaffen.

Man wird sich im äußersten Fall sogar die Schaffung einer virtuellen brüderlichen Nation vorstellen können, deren Ziel es wäre, all jene im Netz zusammenzubringen, die von einer toleranten, allen Ethnien gegenüber offenen Nation träumen, wie es niemals eine geben wird. Diese würde virtuell im Netz funktionieren, mit einem virtuellen Präsidenten und einem virtuellen Parlament, die Entscheidungen über ihre virtuelle Zukunft treffen würden und die ihren Mitgliedern das gegenseitige Respektieren der Brüderlichkeit vorschreiben würde. Sie könnte sich sogar das Verlassen der Virtualität als höchstes Ziel stecken, das Realwerden, wenn sie genügend Mitglieder (virtuelle Bürger) vereinigt hätte, um mit ihren Beiträgen den Kauf einer Insel zu finanzieren, sie für unabhängig zu erklären und ihre Aufnahme in die UNO zu beantragen.

Ein Scherz? Nein: Diese Website existiert schon unter dem Namen *Cyber Yougoslavia*. Ih angestrebtes Ziel ist es, ins Reale umzuschalten, wenn sie die Zahl von fünf Millionen Mitgliedern erreicht hat. Der Plan ist nicht völlig unrealistisch: Sie hat es schon auf mehrere tausend Mitglieder gebracht. Diese Website stellt eine dreifache Utopie dar, denn sie schafft einen virtuellen Staat, der nach der Gründung eines realen Staates strebt, der wiederum ein multinationaler Staat wäre, rückwärtsgewandte Sehnsucht nach einem brüderlichen, freien und toleranten Jugoslawien, das niemals existiert hat, außer in der Vorstellung jener, die heute von seiner Rückkehr träumen.

Totalitäre Brüderlichkeit

Wie der Markt versteht auch die Diktatur einiges von der Vereinnahmung der Utopien.

Es gab und es wird auch weiterhin Diktaturen geben, die vortäuschen werden, dass sie den Zugang zur Ewigkeit ermöglichen. Andere, die behaupten werden, dass ihr Ziel die Befreiung des Menschen sei. Wiederum andere, die als einzige Rechtfertigung die Notwendigkeit der Errichtung und Aufrechterhaltung des Reiches der Freiheit anführen werden. Man wird schließlich Diktaturen erleben, die sich als Bruderschaften tarnen werden – man hat das schon erlebt.

Das Vokabular der Brüderlichkeit ist von zahlreichen Diktaturen schon oft missbraucht worden. Nicht wenige Tyrannen (aber nicht nur sie ...) verbringen ihre Zeit damit zu erklären, dass ihr politisches Leben nur ein schweres Priesteramt darstelle und dass das Glück ihres Volkes für sie die einzige Belohnung sei. Manche nennen ihre Untertanen «Brüder» – so wie es Kim Il-sung tat. Andere, wie einst Stalin, bezeichnen sich selber als «kleinen Vater der Völker», Verbündeten der «Brudervölker».

Andere wollen oder würden gerne explizit das Reich der Brüderlichkeit über den Umweg der Diktatur errichten, einer leider notwendigen Durchgangsstation. Es handele sich da um einen ganz kleinen Umweg, gerechtfertigt durch die

Notwendigkeit eines Aufzeigens der Vorzüge des Altruismus mittels Propaganda.

Einige werden Brüderlichkeit als Instrument zur Entfremdung benutzen, indem sie den Akzent auf die Lust auf Unterwerfung legen, auf die Freude darüber, dass man Freude daran findet, den Chef glücklich zu machen. Es werden neue – masochistische – Formen des Totalitarismus auftauchen. Man wird es erleben – man erlebt es schon –, wie Gurus die Brüderlichkeit zum Fundament ihrer Predigten und zum Fundus ihrer Geschäfte machen.

Die Genetik könnte der Brüderlichkeit eine weitere, noch stärker totalitäre Dimension verleihen. Man wird erklären – man erklärt es schon –, dass die Unfähigkeit, sich brüderlich zu verhalten, eine genetisch bedingte Krankheit sei. Mit anderen Worten: Manche werden bald mit Hilfe von Drogen oder genetischen Manipulationen Lebewesen schaffen wollen, die nicht neidisch oder eifersüchtig sind, die glücklich sind über das Glück der Anderen und gerne ihre Situation hinnehmen, programmiert darauf, vorbehaltlos genau das zu sein, was sie sind. Das Klonen wird als eine Art des Produzierens von Brüdern dargestellt werden. Es werden einem auf diese Weise «künstliche Brüder» gezeugt werden, die es ermöglichen, dass man über Organreserven für sich verfügt. Das Glück des Klons wird darin bestehen, dem Kloner beim Leben zu helfen. Es sei denn, dass wir uns als fähig erweisen, dem Klon die gleiche Würde zuzuerkennen wie dem Kloner.

Brüderliche Netze

Die Erfordernis der Brüderlichkeit wird sich mit der Vervielfachung der Netze durchsetzen. Diese sind an sich nichts Neues. Jede Gemeinschaft von Menschen – Sippe, Familie, Dorf, Stadt, Herkunftsland – deren Ziel es ist, kollektiv weiterzubestehen, bildet ein Netz. In den modernen Gesellschaften verbinden die Netze Leute miteinander, die nicht notwendigerweise am selben Ort gruppiert sind, und sie schaffen neue Gemeinschaften.

Da alle durch Sesshaftigkeit geschaffenen Netze sukzessive vom Markt zerschlagen werden, erscheinen ständig neue Netze: freiwillig gebildete Clans, technologische, labyrinthische, unbürokratische, wechselseitig funktionierende Netze. In Zukunft werden auch die größten Unternehmen nicht länger Orte der Zusammenkunft von Lohnempfängern sein, sondern Netze nomadischer Partner werden. Sie werden nicht länger hierarchisch gegliedert sein, sondern labyrinthisch werden. Sie werden nicht länger einheitlich sein, sondern zu Konglomeraten von lokalen Unternehmen werden, die Güter nach Maß auf Bestellung produzieren.

Dann werden sich andere, vorwiegend virtuelle Netze vom Internet aus vervielfachen. Das Bedürfnis nach Brüderlichkeit wird zu dieser Vervielfachung der neuen Netze drängen; und umgekehrt wird das Internet der Brüderlichkeit all ihre Aktualität verleihen. Es wird gemeinsames Schaffen ermöglichen, Interdependenz, und eines Tages sogar die Kommunikation zwischen jenen, die nicht dieselbe Sprache sprechen – über das Spiel automatischer Übersetzungen und über die Sprach-Synthese.

Es liegt im Interesse aller Mitglieder eines Netzes, dass die anderen Mitglieder des Netzes in der Lage sind, dieses arbeiten zu lassen. Es liegt im Interesse der Mitglieder einer Familie, der Bewohner einer Stadt, der Bürger einer Nation, der Musiker eines Orchesters, der Mitwirkenden an einer Bühnendarbietung, der Spione einer Organisation, der Handwerker auf einer Baustelle, der Mitglieder eines Klubs, dass die Mitglieder ihres «Netzes» in der Lage sind, ihre Rolle auszufüllen. Es liegt im Interesse der Teilnehmer eines Telefonnetzes, dass die größtmögliche Anzahl von ihnen in der Lage ist zu kommunizieren. Während der Wettbewerb die Leute zu Rivalen macht, vereinigt das Netz. Und sondert neue wirtschaftliche Gesetze ab.

In einem Netz kann man eine Information weitergeben, ohne sie zu verlieren. Zum Beispiel Musik hören lassen, Computerprogramme und Bücher gemeinsam mit anderen benutzen, ohne ihres Eigentums verlustig zu gehen. *Man kann also das Vergnügen des Gebens erleben, ohne mit dem Missvergnügen konfrontiert zu sein, das zu verlieren, was man gibt.* Folglich ist in der Informationswirtschaft im Gegensatz zur Energiewirtschaft, wo Wert durch Knappheit bestimmt wird, Wert ein Resultat des Überflusses, der es ermöglicht, mehr zu geben und mehr zu empfangen. Je mehr Leute es gibt, die an ein Netz angeschlossen sind, desto mehr kommt jeder auf seine Kosten und desto mehr Wert hat das Netz. Es liegt im

Interesse von jedermann, dass der Andere auch das besitzt, was man selber hat.

Es liegt im Interesse eines jeden Mitglieds eines Netzes, *dass dieses Netz nicht überlaufen wird, saturiert ist.* Der schlimmste Feind der Brüderlichkeit ist das Überlaufensein.

Den wichtigsten Besitz jedes Einzelnen wird in Zukunft die Zugehörigkeit zu Netzen darstellen. Die *neue Elite,* die sich das Wesentliche des geschaffenen Wertes aneignen wird, wird sich aus den Konzeptoren der Netze zusammensetzen und aus denen, die es verstehen werden, sich privilegierte Netze vorzubehalten. Die Mittelklasse wird die Vielzahl der Netze, zu denen sie gehört, zur Schau stellen wollen. Eines der Zeichen dieser Zurschaustellung stellt bereits die Vielzahl der Karten – Kreditkarten, Klubkarten, Visitkarten, Abonnementkarten, usw. – dar, die viele gerne ehrfürchtig in ihrer Geldtasche aufbewahren und mit denen sie zu jeder sich bietenden Gelegenheit prunken.

Umgekehrt wird die neue Armut darin bestehen, dass man zu keinem Netz gehört. Die Schwachen, die Fremden, die kleinen Kinder, die Toten, die kommenden Generationen sind nirgends in einem Netz vertreten. *Einst bedeutete arm sein nicht haben. In Zukunft wird es bedeuten: nicht teilhaben.*

Will man *dem Schwachen zu Hilfe eilen,* wird es also angebracht sein, *für sein Neueinklinken in Netze zu sorgen.* Man kann sogar in gewisser Hinsicht ihre Rolle bei der Entstehung einer künftigen Brüderlichkeit mit der Rolle vergleichen, die Marx den sozialen Klassen in jener des Sozialismus zuwies.

Und das wichtigste der Netze, dessen Zukunft ein entscheidendes Moment darstellt, ist die Familie.

Brüderliche Familien

Die Familie als geometrischer Ort konstitutiver Hassgefühle ist das durch die Wiederkehr des Nomadentums am meisten bedrohte Netz. In ihrer Fortentwicklung wird die Brüderlichkeit in Zukunft erfunden werden. Zwischen Vätern und Brüdern, Müttern und Schwestern. Zwischen Kindern.

Wir werden zuerst eine tiefgreifende Diversifizierung der Paare erleben. Bisher stellten sie im Wesentlichen nur den Zusammenschluss einer Frau und eines Mannes dar, vereint durch die Liebe oder die sozialen Forderungen des Fortbestehens, der Selbsterhaltung. In Zukunft werden sie andere Funktionen erfüllen. Zur Bekämpfung der Einsamkeit und der Unsicherheit der menschlichen Beziehungen werden viele Leute (die länger und damit einsamer leben als in der Vergangenheit) sich dafür entscheiden, mit anderen, zu zweit, zu dritt oder zu mehrt, provisorisch oder auf Dauer unter einem Dach zu leben, Güter, soziale Vorteile zu teilen, ohne deswegen den Wunsch zu haben, Kinder zu bekommen und gemeinsam aufzuziehen, den gleichen Namen zu tragen, nicht einmal sexuelle Beziehungen zu unterhalten. Solche Paare könnten Homosexuelle vereinen oder Personen zusammenkommen lassen, die ganz einfach eine Zeit lang ihre Einsamkeiten vereinen möchten, außerhalb des förmlichen Rahmens der Ehe, ohne Verpflichtung zur Treue, Menschen, die die Multiplizität ihrer jeweiligen Partner oder auch das Fehlen eines gemeinsamen Sexuallebens akzeptieren. Diese Art der Beziehung kann auch für Paare Geltung haben, die ihre Beziehungen über die Sexualität und sogar über die Ehe hinaus erhalten wollen, indem sie nach einer Scheidung wie Bruder und Schwester zusammenleben. Man wird so die Praktiken mancher Stämme wiederfinden, wie die der Nuer in Afrika, wo alte, im allgemeinen sterile Frauen einander heiraten und ihre Güter zusammenlegen.

Einige dieser «neuen Paare» werden sich als Haushalte betrachten und Kinder bekommen und sie dann aufziehen wollen. Sie werden zum Klonen drängen, das die geschlechtslose Fortpflanzung ermöglichen wird.

Niemand wird aber die biologischen oder die Adoptiveltern dazu zwingen können, ihre adoptierten oder geklonten Kinder so lange zu respektieren und zu lieben, bis sie sie aufgezogen haben. Man wird auch Paaren, die sich möglicherweise von ihnen trennen werden, nicht verbieten können, Kinder zu haben.

Der allerersten Manifestationen der Brüderlichkeit entwöhnt, werden immer mehr Kinder auf diese Weise *ihrer Kindheit beraubt* und vergessen, verlassen werden, es wird ihnen an Zärtlichkeit oder einfach an Sicherheit fehlen, manchmal werden sie auch gequält werden. Als frühreife Erwachsene werden sie unter einer Einsamkeit leiden, die kein Auffangnetz der ländlichen Gesellschaft mehr wird kompensieren können. Auf der nördlichen Halbkugel werden die Eltern, denen es an der Zeit fehlt, ihnen Geschichten zu erzählen oder ihnen das Lesen beizubringen, sie zwischen den virtuellen Horizonten herumirren lassen: Spiel, Gewalt und Sexualität. Auf der südlichen Halbkugel werden sie, von ihren Eltern verkauft oder zur Arbeit getrieben, zu früh Erwachsene, Sklaven oder Krieger geworden, zu nichts anderem mehr fähig sein als zur Gewalt.

Um das Kind wieder in Netze einzugliedern, wird man daher ein *Recht auf Kindheit* vorschreiben müssen, ein Recht auf eine Zeitspanne des Freiseins von Verantwortung und der Zärtlichkeit, versehen mit dem Recht auf das Begehen von Dummheiten und den Glauben an Märchen. Dies ist keine nebensächliche Erwägung: Brüderlichkeit kann es nur zwischen Personen geben, die eine Kindheit gekannt haben.

Aus Gründen der Ausgewogenheit *muss es, damit es ein Recht auf Kindheit geben kann, zuerst eine Pflicht zur Verwandtschaft geben.* Diese Pflicht stellt eine sehr spezielle Form von Brüderlichkeit dar: das Vergnügen daran, ein Kind zum Lachen zu bringen, ihm zu helfen, sich die Mittel zu erwerben, um seine Neugierde, seine Wissenslust, seine Ansprüche zu befriedigen, zu entdecken, was in ihm an Originalität oder an Einzigartigkeit stecken mag. Ihm die Grenzen seiner Freiheit begreiflich zu machen, ihm begreiflich zu machen, dass Teilen notwendig ist, ihm den Unterschied zwischen dem wirklichen Leben und den Empfindungen, welche das Virtuelle verschafft, verständlich zu machen, ihm zu helfen, seine eigenen mentalen Bilder zu erzeugen, und zwar nicht, indem man ihm den Zugang zum Virtuellen verbietet, sondern indem man ihm deutlich klar macht, dass der Raum des Spieles anderen Gesetzen gehorcht als die wirkliche Welt. Es Brüderlichkeit zu lehren.

Aber Brüderlichkeit lässt sich wohl kaum verordnen: Man kann jemanden zwingen, etwas zu tun, man kann ihn nicht zwingen, darin sein Glück zu finden. Um diesem Recht auf Kindheit also einen Sinn zu geben, wäre es vorstellbar, dem Staat die Verantwortung über die Erziehung der Kinder anzuvertrauen, das heißt *die Übertragung der elterlichen Gewalt auf die Gesellschaft* zu organisieren und auf alle Kinder auszudehnen, was heute in den Institutionen geschieht, die auf die Erziehung von verlassenen Kindern spezialisiert sind. Diese Institutionen stellen zwar für manche Kinder über einen gewissen Zeitraum unersetzliche Substitute dar, aber niemand hat jemals gewagt, sie auf alle Kinder und auf jede Kindheit zu verallgemeinern. Sie könnten auch wohl kaum eine Lösung für die Hunderte von Millionen Kindern darstellen, die heute und in Zukunft ihrer Eltern beraubt sind und sein werden. Infolgedessen wird es erforderlich sein, genügend Erwachsene anzuwerben, die fähig wären, ihr Glück in dem von Kindern zu finden, die ihnen fremd sind. Diese Adoptiveltern könnte es geben. Unter der Bedingung, dass die Gesellschaft nicht von ihnen fordert, dass sie in traditionellen Paarbeziehungen leben und dass sie es erlaubt, Kinder jeder Gruppe von Erwachsenen anzuvertrauen, die fähig sind, sie zu respektieren und zu lieben.

Und wenn es sich trotzdem herausstellen sollte, dass zu wenige Erwachsene – allein stehend, in Paaren oder in Trios, Homo- oder Heterosexuelle – dazu bereit sind, die Last aller verlassenen Kinder auf sich zu nehmen, müsste man noch weiter gehen und eine *Verpflichtung zur Brüderlichkeit zwischen Brüdern und Schwestern* einrichten, das heißt eine Verpflichtung dazu, sich innerhalb einer Generation gegenseitig zu beschützen. Adoption zwischen Brüdern, Verpflichtung zur Übernahme der Rolle des Ältesten. Diese Verpflichtung tritt bereits in den Vororten nicht weniger Städte in Erscheinung, wo die älteren Geschwister den jüngeren bei den Hausaufgaben und bei der Zubereitung ihrer Mahlzeiten helfen, wenn die Eltern versagen.

Brüderlichkeit setzt auch die Eingliederung aller anderen Schwachen in die Netze voraus: Behinderte, alte, auf Hilfe angewiesene und isolierte Leute, die in eine allertiefste Kindheit ohne Zukunftsversprechen zurückgeworfen sind. Man wird sich auch ein Adoptionsverfahren für sie vorstellen können. Familien mit Kindern könnten *Großeltern adoptieren.*

Das Gleiche gilt für *Fremde.* Wenn das Kind ein aufzunehmender Fremder ist, dann ist jeder Fremde ein Kind auf der Suche nach Liebe. Man wird für sie die *Verpflichtung zur Gastfreundschaft*, zur Hospitalität anordnen, von der Kant schon in seinem Projekt des «Föderalismus freier Staaten» sprach, als er die Notwendigkeit eines «Weltbürgerrechts» beschwor, das die zwischenstaatlichen Beziehungen und die Beziehungen mit Untertanen eines anderen Staates regeln sollte. In Übereinstimmung mit bestimmten in manchen Gesellschaften rund um das Mittelmeer seit der Antike geltenden *Gewohnheitsrechten* wird der Aufgenommene die Regeln dessen akzeptieren müssen, der ihn aufnimmt; der Aufnehmende sollte sich über das Vergnügen freuen, das er schenken wird, und dem, der sich dazu entschlossen hat, auf Dauer zu ihm zu kommen, um bei ihm zu leben und zu arbeiten, die gleichen Rechte zubilligen und die gleichen Pflichten auferlegen wie sich selber. Diese Pflichten werden aber wechselseitig sein müssen: sonst wird es Assimilation geben und die Verschiedenartigkeit verloren gehen.

Die soziale Organisation der Brüderlichkeit

Die Brüderlichkeit kann zuerst einmal ein Mittel zu erheblicher Minderung der Armut werden. Nicht durch die Hilfe der Reichen – das Instrument der vorhergehenden, gescheiterten Utopie –, sondern durch das Auftauchen neuer Clans, neuer Netzverbindungen zwischen Armen, durch gegenseitige Hilfe und gegenseitiges Vertrauen. Vertrauen muss ein Menschenrecht werden.

Es handelt sich hier um eine realistische Utopie, die bereits auf dem Wege zur Realisierung ist – nämlich unter dem Namen *Mikrofinanz*, einem brüderlichen Finanzierungsmodus, bei dem jeder Freude daran findet, dem Anderen die Mittel zum Erfolg zu leihen. Die Mikrofinanz vereint sehr arme Leute, die sich gegenseitig Darlehen zu marktüblichen Zinssätzen gewähren, damit sie ihre Unternehmen anlaufen lassen und in Schwung bringen können, und zwar ohne voneinander mehr zu verlangen als eine wechselseitige moralische Garantie. Kredite aufnehmen, um sich selber einen Arbeitsplatz zu schaffen, wird so zu einem Menschenrecht.

Seit der Gründung von *Grameen* in Bangladesch vor über zwanzig Jahren, der ersten neuzeitlichen Organisation dieser Art (in Wirklichkeit gibt es solche Organisationen in Afrika seit Anbeginn unter dem Namen «tontines») hat sich diese Art von Darlehen in der ganzen Welt beachtlich ausgebreitet, und es hat sich erwiesen, dass die Armen, wenn man ihnen Vertrauen entgegenbringt, ihre Kredite vollständig zurückzahlen und mittels ihrer Arbeit nicht nur Werte schaffen, sondern auch ihre Würde zurückgewinnen und die Bedingungen für den Zugang zu Ausbildung und Pflege herstellen können.

Derzeit hat nur ein Dutzend Millionen Menschen auf der Welt an der Mikrofinanz teil, vor allem Frauen. Sie könnte auf die hundert Millionen der allerärmsten Familien ausgeweitet werden: um dies zu verwirklichen, würde es genügen, die notwendigen Ressourcen zu finden, um die institutionellen Rahmen der Mikrofinanz auszubilden, sie zu kontrollieren und zu evaluieren.

Diese *brüderliche Finanz* wird es erlauben, den Beweis zu erbringen, dass die Brüderlichkeit nicht nur ein naiv erhoffter Akt, sondern ein ganz und gar seriöser und effizienter Finanzierungsmodus ist.

Parallel dazu wird die Brüderlichkeit zu einer neuen Haltung gegenüber Ausbildung und Gesundheit führen.

In der Utopie der Freiheit, in der das Leben ein Privatgut darstellt, ist es jedermanns eigene Sache, die Mittel zu finden, es zu erhalten und aufzuwerten. In der Utopie der Gleichheit muss die Gesellschaft jedem gratis und gleichberechtigt Pflege und Ausbildung innerhalb der Budgetgrenzen der Nation zuteil werden lassen. In der Utopie der Brüderlichkeit ist es in jedermanns Interesse, dass die Anderen im vollen Besitz all ihrer Kräfte sind, also bei guter Gesundheit und gut ausgebildet. Daher werden dort die Pflege und die Aus- und Weiterbildung der eigenen Person als für die Kollektivität nützliche Aktivitäten anerkannt, die somit eine Bezahlung verdienen. Und jeder befindet sich notwendigerweise in der einen oder anderen der folgenden Situationen, *die alle ebenfalls für die Anderen nützlich sind*: arbeiten, sich fortbilden oder sich pflegen. Alle drei werden dort als sozial nützliche Aktivitäten bezahlt. Jene, die nicht arbeiten, werden nicht mehr als «Hilfeempfänger» betrachtet, sondern als Personen, die der Gesellschaft einen Dienst erweisen, indem sie sich um sich selber kümmern.

Eine solche Herangehensweise ist allem Anschein zum Trotz nicht vollkommen utopisch. Schon seit langer Zeit behalten die Arbeitnehmer in den hochindustrialisierten Ländern das Recht auf ihren Lohn, wenn sie krankgeschrieben sind; sie werden bezahlt, damit sie sich pflegen. Bleibt noch die Anerkennung eines Rechtes, das ein Äquivalent für jene darstellt, die versuchen, ihre ungenügenden Kenntnisse zu vervollständigen. Jeder hätte so die Mittel, das ihm entsprechende Modell für Erfolg und Wohlstand bzw. Wohlbefinden für sich zu entdecken, seine eigene Definition von Wissen und Gesundheit zu bestimmen. Jeder wäre glücklich über die differenzierte Entfaltung der Anderen und würde sich durch ihre Unterschiede erhalten.

Die Inhalte der Bildungs- und Gesundheitspolitik müssen daher verändert werden. Man wird den Kindern beibringen, sich gegenseitig zu helfen, Freude am Fortschritt der Anderen zu finden, vom Wettbewerb loszukommen, sich gegenseitig zu helfen und auf Prävention zu bestehen – mittels Gründung brüderlicher Clans von Kranken oder zukünftigen Kranken, Gemeinschaften, in denen die Heilung des Anderen im Interesse jedes Einzelnen ist: Nichts hilft mehr beim Heilen als die Heilung eines Anderen, der unter der gleichen Krankheit leidet wie man selber.

Überdies wird, solange die Medizin sich als effizient herausstellen wird, das heißt solange die Lebenserwartung steigt und die Schmerzen am Ende des Lebens geringer werden, das Wachstum des Anteils der Gesundheitsausgaben am gesamten Nationaleinkommen immer eine gute Nachricht darstellen. Ebenso werden, solange das kulturelle und berufliche Niveau eines Landes sich bei wachsenden Bildungsausgaben verbessern wird, diese gerechtfertigt bleiben, umso mehr als sie die früheren Ausgaben für die Arbeitslosenunterstützung ersetzen werden.

Eine solche Gesellschaft, in der der technische Fortschritt die Industrie radikal verändert haben und die Produktionskosten der Objekte radikal gesenkt haben wird, wird mehr als die Hälfte ihres erwirtschafteten Reichtums den früher als «gesetzliche Sozialausgaben» bezeichneten Ausgaben widmen können – die man besser «lebenswichtige Ausgaben» nennen sollte –, damit ihre Mitglieder länger als ein Jahrhundert schmerz- und behinderungsfrei leben und dabei ihre Kenntnisse in allen möglichen Bereichen auf den letzten Stand bringen können.

So lange, bis die Übernahme der Gesundheits- und Ausbildungskosten über die gesetzlichen Sozialausgaben hinaus in der brüderlichen Gesellschaft zu einer Senkung dieser Ausgaben führen wird – was eine Umwälzung der Wirtschaftsordnung voraussetzt.

Die ökonomische Ordnung der Brüderlichkeit

Die Wirtschaft der Brüderlichkeit richtet sich ein mit dem Wachstum der Netze. Man wird sie am Markt und außerhalb des Marktes finden. – Der *Tourismus*, der wichtigste Markt im Bereich der Gastlichkeit, wird zum wichtigsten Sektor der Weltwirtschaft werden und es lange bleiben. Das Handwerk wird ihm folgen und mit ihm alle Möglichkeiten einer direkten Begegnung zwischen Konsumenten und Produzenten. Insbesondere wird man immer mehr in Richtung einer brüderlichen Lebensmittelversorgung gehen, wobei der Produzent identifiziert und bekannt sein wird und direkt oder auch nicht seinen Wunsch, den Kunden zufriedenzustellen, zum Ausdruck bringen wird. Man wird alles von den Produkten wissen wollen, die man konsumiert.

Dort, wo es der Marktwirtschaft nicht gelingen wird, den Überfluss im Zaum zu halten, künstlich Knappheit zu erzeugen, für etwas bezahlen zu lassen, das gratis sein könnte – vor allem bei der Weitergabe von Musik oder Daten –, wird sich außerhalb des Marktes eine Ökonomie des systematischen Altruismus installieren, eines kostenlosen Zur-Verfügung-Stellens, gegenseitiger Schenkungen – eine *brüderliche Nicht-Waren-Wirtschaft*. Dort werden Güter ausgetauscht werden, die jeder so erzeugt, wie er es für richtig hält, ohne weitere Entlohnung als Achtung, Anerkennung, Fest ...

Diese brüderlichen Institutionen werden die Verwaltungen ersetzen und heute vom Staat gewährleistete Dienstleistungen übernehmen können, insbesondere im Bereich der Gesundheitsvorsorge und der Reintegration von Außenseitern. In diesen Institutionen wird sich eine neue Form von Arbeit entwickeln, eine brüderliche Arbeit, die darin besteht, dass man Freude am Freudemachen empfinden wird. Diese Art von Arbeit dürfte natürlich ohne Altersgrenze ausgeübt werden können, beispielsweise durch Großeltern.

Die brüderliche Waren- und Nichtwaren-Wirtschaft gibt es schon. Sie wird eines Tages die Marktwirtschaft überflügeln. Die Zahl der in gemeinnützigen Organisationen Arbeitenden liegt in den Vereinigten Staaten bereits bei 8% und in den Niederlanden bei 12%.

Sie wird nicht den gleichen Produktivitäts- und Profitregeln gehorchen können wie die Marktwirtschaft. Sie wird sich ihre eigenen, Effizienz und Ethik sicherstellenden Regeln schaffen müssen. Eigene, neutrale Evaluierungsagenturen werden diese Institutionen benoten müssen und über die Einhaltung der Prinzipien der Brüderlichkeit wachen.

Zu ihrer Förderung wird eine Stimulierung zur Substitution von Marktaktivitäten durch brüderliche Nichtregierungs-Dienstleistungsorganisationen notwendig sein – ohne Zwang – und gleichzeitig eine Aufrechterhaltung der öffentliche Dienste dort, wo die brüderlichen Dienstleistungen nicht existieren.

Um das zu erreichen, wird man «Brüderlichkeitsbörsen» schaffen müssen, an denen sich die einen nach Gelegenheiten zur Erweisung von Dienstleistungen erkundigen und wo andere solche werden anbieten können. Während auf einem normalen Markt die Produzenten Güter und Dienstleistungen anbieten und die Konsumenten kommen, um sie zu kaufen, sucht der Konsument auf dem brüderlichen Markt ganz im Gegenteil Gelegenheiten, Dienste anzubieten, und der Produzent bietet solche Dienste an. Diese Börsen werden real in den Stadtvierteln organisiert werden können oder virtuell in Internet-Foren. Ihre Existenz hat bereits begonnen – an den Orten der Begegnung, in den Trödelläden, wo der Austausch von Waren bzw. Dienstleistungen nur mehr ein Vorwand zum Schließen von Bekanntschaften ist. Ein Konversationsthema.

Brüderlichkeit und Ökologie

Brüderlichkeit muss sich auch gegenüber den anderen Generationen manifestieren, den gegenwärtigen und den zukünftigen, wie auch allen anderen Lebensformen gegenüber. Die zukünftigen Generationen sind Gäste, auf deren Empfang man sich vorbereiten muss, zukünftige Bewohner von Orten, die jeder nur vorübergehend zur Miete bewohnt. Und es kommt auch darauf an, die Natur zu behandeln, zu schützen und zu pflegen wie ein lebendiges Wesen.

Es ist in jedermanns Interesse, dass nicht nur der Andere die Umwelt nicht verschmutzt, sondern auch dass er nicht unter Verschmutzung leiden muss.

Um diesen Prinzipien eine konkrete Bedeutung zu verleihen, könnte man sich vorstellen, alle für das Überleben der zukünftigen Generationen notwendigen Ressourcen zu *öffentlichem Eigentum der Welt* zu erklären. Dies gälte für das Wasser, die Luft, das menschliche Genom, das Bewusstsein. Diese Güter könnten nur im Hinblick auf den Schutz ihrer Unversehrtheit vermarktet werden, da jede Generation nur die Wahrerin und Verwalterin, die Anspruchsberechtigte der zukünftigen Generationen ist, und daher nicht dazu autorisiert, sie zu verändern. Damit das kein frommer Wunsch bleibt, wird es erforderlich sein, dies in die Institutionen und grundlegenden Texte der Brüderlichkeit einzuschreiben.

Institutionen der Brüderlichkeit: für eine plurale Republik

Wie Freiheit und Gleichheit ohne Institutionen zu ihrer Verteidigung nur Illusionen wären, so wird die Brüderlichkeit ohne Anordnungen, die imstande sind, sie zu fördern und zu schützen, immer nur ein naiver Slogan sein.

Die Nation ist sicherlich ein zu weiter Rahmen, als dass man dort die Verfahrensweisen der Brüderlichkeit erarbeiten könnte; diese werden besser auf der Ebene mittelgroßer oder großer Städte ausprobiert werden können.

Immer mehr brüderliche Gemeinschaften werden nicht nur die Bewohner eines bestimmten Territoriums umfassen, sondern die Mitglieder eines oder mehrerer Netze. Die Staatsbürgerschaft wird nicht mehr an ein jus solis («Bodenrecht») und noch weniger an ein jus sanguis («Blutrecht») gebunden sein, sondern an ein *Gastrecht,* das all jene umfasst, die sich in einem Raum oder einem Netz wiedererkennen, in einer Stadt oder einer Nation, wer immer und wo immer sie auch seien.

Die Prozesse der delegierten Repräsentation werden aufgrund des Erscheinens von Mechanismen unwirksam werden, die ständige Abstimmungen in den Netzen ermöglichen werden.

Dies wird sogar dazu führen, dass man das Prinzip der Mehrheitsentscheidung in Frage stellt, ohne auf die Demokratie zu verzichten. Tatsächlich wird jeder im Netz per virtueller Abstimmung, die der realen vorangeht, abschätzen können, welche Entscheidung es der größten Anzahl von Abstimmenden ermöglichen würde, ihre eigenen Forderungen zufrieden zu stellen und dabei den Anderen Freude zu bereiten. Das Endresultat der Wahl wird sich im Verlauf der Konsultation durch sukzessive Modifizierungen der Position jedes Einzelnen verändern, und man wird eine Entscheidung erst am Ende eines Konvergenzprozesses festlegen, der zur Einstimmigkeit führt, wenn jeder das Gleichgewicht zwischen der Zufriedenstellung seiner persönlichen Wünsche und jener der Wünsche oder Erwartungen der Anderen erreicht haben wird.

Solche kollektiven Entscheidungsprozeduren werden dazu führen, dass man neue Rechte und Pflichten fördern wird, die heute nicht in der *Allgemeinen Erklärung der Menschenrechte* enthalten sind, und daher wird man die *Prinzipien der Brüderlichkeit* kodifizieren, wie zum Beispiel das Recht auf Kindheit, auf Achtung, auf Würde, auf Gastfreundschaft, auf Bildung, auf Ruhe, und die Pflicht, das Glück der anderen Generationen vorzubereiten, indem man über den Schutz der öffentlichen Weltgüter wacht. Und die Verpflichtung, dafür zu sorgen, dass sie respektiert werden.

Brüderlichkeit impliziert nicht das Verzeihen aller Fehler. Verzeihen, begnadigen ist ein Akt des Glaubens und der Hoffnung; man setzt damit auf die Reue und daher den Fortschritt des Menschen. Wenn diese Wette auch im Allgemeinen über die strikte Justizentscheidung die Oberhand behalten muss, so gibt es auch eine Pflicht, nicht zu verzeihen, eine *Pflicht zur Intoleranz* gegen gewisse Angriffe auf das Leben und die Menschenwürde.

Damit die Brüderlichkeit nicht länger ein frommer Wunsch

bleibt, wird man *sie selber als eine Pflicht betrachten* müssen. Ganz so wie es ein Delikt der unterlassenen Hilfeleistung gibt, könnte man jeden schweren Verstoß gegen die Brüderlichkeit als Delikt betrachten und die Verweigerung der Gastfreundschaft daher zuerst solchermaßen werten.

Das öffentliche Tun und Wesen wird auf das Schaffen von Voraussetzungen abzielen, wie zum Beispiel der, dass jeder frei in sich die Lust entdeckt, dem Anderen beim Erreichen des Glücks behilflich zu sein.

Die Gegnerschaft zur Brüderlichkeit wird von jenen kommen, die sich auf ein Recht auf Egoismus und auf die Freiheit, den Anderen nicht zu lieben, berufen. Jene werden jedoch die Rechte der Brüderlichkeit respektieren müssen, die ihre grundlegenden Freiheiten nicht in Frage stellen dürfen.

In einer solchen Gesellschaft wird sich die Rolle der politischen Führer darauf beschränken, die richtigen Fragen zu stellen und sie so zu formulieren, dass damit die Bedingungen für eine Entscheidung geschaffen werden, die der Einstimmigkeit möglichst nahe kommt – das heißt die brüderlichste, die möglich ist –, und dann fähig zu sein, sie umzusetzen. Das heißt, wie jeder guter Indianerhäuptling ein «Friedensmacher zu sein, ein guter Redner und generös mit seinen Gütern.»

Geopolitische Brüderlichkeit

Wenn man vermeiden will, dass sich demnächst Tausende durch Identitätsaufspaltung entstandene Quasi-Staaten gegenüberstehen, dann wird man die gegenwärtig bestehenden Nationen in Organisationsrahmen für die Koexistenz zahlreicher Clans mit zahlreichen und manchmal widersprüchlichen Treueverpflichtungen umwandeln müssen. So wie Halbbrüder und Halbschwestern gleichzeitig zusammen und getrennt in ihren neu zusammengesetzten Familien leben müssen, werden multidimensionale Einheiten innerhalb von Nationen mit immer verschwommeneren Umrissen existieren müssen, die selber wiederum Teile von offenen kontinentalen Identitäten darstellen. Nach der Entkolonisierung muss man aus einer Pflicht zur geopolitischen Brüderlichkeit heraus schließlich zur *Entbarbarisierung* schreiten, das heißt über die Pflicht zur Einmischung hinaus zu der, gegen jene einzuschreiten, die die Ausübung der Brüderlichkeit verweigern.

Utopien sind nun aber geschlossene Welten, und von jetzt an ist die einzige denkbare geschlossene Welt, die letzte Insel – der gesamte Planet, von dem niemand flüchten kann. Der Markt hat das verstanden. Die Verfechter der Gleichheit werden es bald verstehen. Jene der Brüderlichkeit wissen es seit jeher.

Würde man beginnen, von einer *brüderlichen Planetenverfassung* zu träumen (und ich bin mir sicher, dass man darüber in der Mitte des Jahrhunderts verhandeln wird, wenn die Widersprüche zwischen Freiheit und Gleichheit ihren Höhepunkt erreicht haben werden), dann könnte man sie sich folgendermaßen vorstellen:

Eine Präambel würde die Rechte und Pflichten der Brüderlichkeit mit den derzeitigen Menschenrechten und -pflichten vereinen.

Eine strikt minimalistisch konzipierte Weltregierung würde von der Generalversammlung der Vereinten Nationen und von einer anderen Versammlung, innerhalb derer die Nichtregierungsorganisationen, die wissenschaftlichen Instanzen, die Unternehmen vertreten wären, ernannt und kontrolliert werden. Diese Regierung würde den derzeitigen Sicherheitsrat ersetzen und seine Kompetenzen sowie die der G7 übernehmen. Sie würde über das Monopol der Gewaltausübung und den Waffenbesitz disponieren und könnte Waffen nur zum Zwecke der Respektierung der Planetenverfassung einsetzen. Sie könnte jedes Land, das gegen die Präambel der Planetenverfassung verstoßen hat, vorübergehend von der Nutznießung der internationalen Finanzinstitutionen ausschließen.

Sie würde sich auf mehrere Verwaltungsorgane stützen, die für die öffentlichen Güter des Planeten verantwortlich wären, in erster Line für den Artenschutz, die Respektierung der Artenvielfalt und die Erhaltung nicht erneuerbarer Energien. Ein internationales Strafgericht würde die genaue Kompatibilität der auf jedem Kontinent erarbeiteten Jurisprudenzen sichern. Ein planetares Polizei- und Justizsystem würde die vollkommene Entsprechung der Verbrechens- und Deliktkonzepte von einem Land zum anderen überwachen. Eine universelle Instanz würde die Monopole kontrollieren. Eine weltumspannende Zentralbank würde die einzige Währung der Welt verwalten. Eine Welt-Entwicklungsbank würde die großen weltumspannenden Infrastrukturen finanzieren. Ein weltumspannendes Steuersystem, errichtet um eine Steuer für Finanztransaktionen, würde jedem Terraner ein weltweit gesichertes Minimaleinkommen zum Zwecke der Fortbildung sichern, jeweils von der nationalen Regierung überwiesen und, wenn notwendig, auf kontinentaler Ebene subventioniert, zumindest solange sich ein solches Einkommen als nützlich erweisen würde – bevor die brüderliche Finanz und Wirtschaft die Armut eliminiert haben – und jedem bei der Schaffung der Bedingungen zur Realisierung seines eigenen Erfolgsmodells helfen.

Als Thomas Morus davon träumte, die führenden Politiker von *Utopia* mittels Wahlen zu rekrutieren, musste er von der Vermutung ausgehen, dass es sehr lange dauern würde, bis eine solche Perspektive in den Bereich des Realisierbaren rücken würde. Und es brauchte drei Jahrhunderte, um dorthin zu kommen. Heute befinden wir uns erst in der Prähistorie der Brüderlichkeit, und wir müssen zunächst einmal ihre Praxis in der Bescheidenheit des alltäglichen Lebens und in der Maßlosigkeit des Ideals erfinden.

Kapitel VII

Just do it

> «Oh freie Menschen! Denkt an uns, die wir nicht mehr da sein werden; sagt euch, dass wir die Ruhe, die Ihr genießt, sehr teuer erkauft haben.»

Sind die Menschen dazu fähig, das Glück der Anderen zuzulassen? Seit jeher stoßen die von idealen Gesellschaften Träumenden sich an dieser Frage. Meh Ti, ein chinesischer Philosoph, der kurz nach Konfuzius lebte, erklärte, dass es keine ideale Gesellschaft geben könne, solange die Menschen nicht fähig sein würden, die sechs folgenden Prinzipien zu befolgen: Gewaltlosigkeit, Wechselseitigkeit, Strenge, Beherrschung des Begehrens, Respekt gegenüber den Vorfahren und Unterwerfung unter die Gesetze der Vorsehung.

Müsste man derartige Bedingungen vereinen, damit Brüderlichkeit überhaupt beginnen kann, dann wäre sie wahrscheinlich auf immer unmöglich. Sie liegt aber im Interesse der überwältigenden Mehrheit der Menschen. Und ohne sie wird das Überleben der Welt bald mit Sicherheit unmöglich werden: sie wird vor Beginn des zweiundzwanzigsten Jahrhunderts explodieren!

Was also tun? Eine Revolution vorbereiten und mittels einer Übergangsdiktatur versuchen, die Voraussetzungen für Brüderlichkeit zu schaffen? Eine Illusion: Man kann niemanden dazu zwingen, sich brüderlich zu zeigen.

Hoffen, dass die Zuspitzung der Widersprüche im Herzen der Marktdemokratie die Dringlichkeit und die Notwendigkeit der Brüderlichkeit begreiflich machen wird? Sich alles vom Schlimmsten erhoffen, so wie Marx von der Erschöpfung des Kapitalismus das Kommen des Sozialismus erwartete? Dies hieße, nicht zu sehen, dass, wenn die Freiheit bis zu ihrer letzten Konsequenz geht, wenn man die Prediger der Ewigkeit alle ihre Abirrungen organisieren lässt und jene der Gleichheit ihre Diktaturen einrichten, es zu spät sein wird, auf die Brüderlichkeit zu hoffen: Der Mensch wird verschwunden sein, er wird nur mehr ein Objekt unter anderen sein.

Was also tun?

Frankreich und die Verpflichtung zur Vorbildlichkeit

Über die Pflicht zur Einmischung hinaus gibt es die Pflicht zur Vorbildlichkeit. Um zu zeigen, dass Brüderlichkeit nicht nur eine hohle Idee ist, sondern ein großartiges Mittel zur konkreten Lösung überaus zahlreicher Probleme, zur Fixierung eines Rahmens für eine für alle lebbare Gesellschaft, ohne Zwang zur Gleichförmigkeit, muss jemand irgendwo damit anfangen.

Mehr vielleicht als jedes andere Land ist Frankreich dazu bestimmt, es zu tun, denn mehr als jedes andere Land hat es seine Geschichte um jede der großen Utopien organisiert. So sehr, dass es sie in seinen Wahlspruch eingeschrieben hat.

Als älteste Tochter der Kirche und Land zahlreicher Bruderschaften und Gilden, niemals seinen Traum von Ewigkeit vergessend, war es im neunzehnten Jahrhundert eine der Versuchsstationen für Freiheiten. Im zwanzigsten Jahrhundert hat es zuerst mit Preußen und dann mit Großbritannien die Gleichheit der Rechte erfunden (auf Ausbildung, Arbeit, Freizeit), danach die Gleichheit angesichts der Risiken (Alter, Krankheit, Arbeitslosigkeit). Und schließlich die Gleichheit zwischen jenen, die an die Ewigkeit glauben, und jenen, die nicht an sie glauben.

Heute schwankt die französische Politik immer noch wie die aller Demokratien zwischen Freiheit und Gleichheit. Weder die eine noch die andere wirklich zu wollen ist sie fähig.

Zu sesshaft, um das Nomadentum zu fördern, ist Frankreich nicht imstande, alle künftigen Formen von Freiheit vollkommen zu akzeptieren. Und die französische Rechte, die dieses Projekt tragen müsste, hat noch nicht einmal mit seiner Erarbeitung begonnen. Sie wird es zweifellos niemals tun, denn sie ist zu sehr damit beschäftigt, sich von den sie strukturierenden Mythen zu befreien, als dass sie die Zukunft zu denken wagen könnte.

Zu individualistisch, um alles zu wollen, was die Sozialdemokratie versprechen kann, insbesondere in der Frage der Einheitlichkeit der Lebensstandards und der Einfachheit der Lebensweisen, wird Frankreich in Richtung Gleichheit auch nicht so weit gehen wie die skandinavischen Länder.

Daher kommt langsam ein dauerhafter Kompromiss zwischen den beiden Forderungen zustande, unabhängig davon, welches Lager gerade an der Macht ist. Und die Politiker werden bald nichts anderes mehr tun, als ihn abwechselnd oder in Regierungskohabitation weiter aufrechtzuerhalten. Das Land wird dann von einem Autopiloten gelenkt werden, wobei alle fünf Jahre ein Neuaufputz dieses Kompromisses praktiziert wird, anlässlich dessen die Demokratie jedes Mal weiter hinter den Markt zurückfallen und den Staat bald darauf reduzieren könnte, nur mehr der resignierte Beobachter eines unvermeidlichen Globalisierungsprozesses zu sein. Und die Parteien darauf, nichts anderes mehr zu tun, als die alternierende Machtübernahme von immer mehr austauschbaren Mannschaften vorzubereiten.

Um dieses Schicksal zu verhindern, hat Frankreich nur mehr die Wahl zwischen drei Projekten:

- In der Utopie der Freiheit versuchen, eine autonome Macht auf dem Markt zu bleiben. Aber Frankreich ist zweifellos zu klein, um dies zu erreichen, und es ist zweifellos zu spät, um es zu versuchen;
- In der Utopie der Gleichheit alles von einer hypothetischen europäischen Konstruktion erwarten, die dem sozialdemokratischen Projekt wieder einen Aktionsraum verschaffen könnte; aber es ist vielleicht zu spät dazu, dies zu erhoffen;
- Brüderlichkeit wagen. Im Eigeninteresse des Landes und um noch einmal etwas zu bekommen, was man der Welt schenken könnte.

Dies vom heutigen Frankreich zu erwarten, zu einem Zeitpunkt, wo dort in allen Eliten ein echter Skeptizismus angesichts allem herrscht, was nicht ehrfurchtsvolle Verbeugung vor dem Markt oder mechanisches Psalmodieren anachronistischer Solidaritätsprinzipien ist, ist zweifellos der utopischste aller Vorschläge, die dieses Buch enthält.

Aber gerade deswegen und um konkret zu zeigen, dass Brüderlichkeit sehr schnell das Leben vieler Menschen hier und jetzt ändern könnte, seien hier zehn Maßnahmen im Dienste der Brüderlichkeit als Beispiele und ohne Prioritätshierarchie aufgelistet, die eine französische Partei oder Regierung sofort in ihr Programm übernehmen könnte:

- Gesetzliche Verankerung der Rechte und Pflichten der Brüderlichkeit (insbesondere des Rechtes auf Kindheit und auf

Gastfreundschaft, wie sie weiter oben definiert wurden) mit den Mitteln, ihre Respektierung zu sichern, wie es schon die Verpflichtung zum Beistand einer Person in Lebensgefahr laut Artikel 223-6 des Strafgesetzbuches vorsieht.

- Schulunterricht in Sachen Brüderlichkeit, insbesondere sollte man den Kindern beibringen, Freude am Dienst am Nächsten zu empfinden, zu verstehen, was dem Anderen helfen könnte, nicht ständig im Konkurrenzkampf miteinander zu stehen.
- Anhalten der Rentner zur Übernahme brüderlicher Arbeiten, wie zum Beispiel: Kindern mit schulischen Problemen beim Hausaufgabenmachen helfen oder jungen Straffälligen bei ihrer Wiedereingliederung behilflich sein. Oder eine Funktion in einer NGO für gegenseitige Hilfeleistungen erfüllen.
- Einführung eines Brüderlichkeitskredits, damit Arbeitslose die Möglichkeit zur Schaffung ihres eigenen Arbeitsplatzes erhalten, ohne dass sie den Verleihorganisationen eine Garantie liefern müssten. Zu diesem Zwecke sollte man den Arbeitslosenhilfsorganisationen gestatten, auf dem Markte geborgte Gelder zu verleihen, ohne deswegen den Status einer Bank annehmen zu müssen, und zwar durch Modifizierung des Artikels 11 des Bankengesetzes.
- Bezahlte Ausbildung für jeden Arbeitslosen im Sinne einer sozial nützlichen Arbeit und auf diese Weise Abschaffung des Arbeitslosenstatus. Zur Finanzierung dieser Maßnahme könnte man die unnütz gewordenen Arbeitslosenbeiträge verwenden.
- Steuerliche Förderung der brüderlichen Aktivitäten, d.h. der Gründung von wirklichen oder virtuellen Assoziationen,

Netzen und Clans, insbesondere im Bereich der Ausbildung und der Präventivmaßnahmen.

- Förderung der fortschreitenden Ersetzung eines Teiles der administrativen Sozialhilfedienste durch Organisationen, die brüderliche Dienste leisten. Nicht zum Zwecke der Ersetzung von Solidarität durch Karitativität, sondern zum Zwecke der Schaffung neuer Dienstleistungen, die im Bereich der Solidarität nicht möglich wären.
- Schaffung von urbanen Räumen und virtuellen Brüderlichkeitsbörsen, damit jene, die ihre Brüderlichkeit unter Beweis stellen wollen, und jene, die Gelegenheiten bieten können, sich nützlich zu machen, einander begegnen können.
- Liberalisierung der Adoptionsgesetzgebung, sowohl für jene, die adoptieren wollen (Homosexuelle, multiple Paare, ältere Brüder und Schwestern) als auch für jene, die adoptiert werden könnten (nicht nur Kinder, sondern auch Großeltern, jüngere Brüder und Schwestern).
- Gesetzliche Zulassung von Verbindungen zwischen Personen, unabhängig von Geschlecht und Zahl, um ihnen die Möglichkeit zu geben, ihre Einsamkeiten zu vereinen, Freude an gegenseitiger Hilfe zu finden und an gemeinsamer Hilfe für Andere.

Traditionelle politische Parteien könnten sich eines solchen Programms bemächtigen, wenn sie verstünden, dass es gleichzeitig das Problem der Arbeitslosigkeit und der Einsamkeit regelt, indem es die wirtschaftliche Aktivität zur kreativen Nutzung der Netze und zu den Dienstleistungen im Bereich der Gastlichkeit hinlenkt. Insbesondere gibt es da nichts, was eine sozialdemokratische Partei nicht auf ihre Kappe nehmen könnte, unter der Bedingung, dass man in Bezug auf die Entwicklung der Sitten eine sehr langfristige Sichtweise hat.

Es könnten auch Parteien spezifisch rund um die Idee der Brüderlichkeit gegründet werden. Um ihr Handeln und ihre Programme in Übereinstimmung zu bringen, dürften sich ihre Mitglieder nicht damit zufrieden geben, eine Liste von Maßnahmen zum Zwecke der Gewinnung von Wahlen zu erstellen, sondern sie müssten selber beispielgebend wirken für eine neue Art von Politik: sich in den Dienst der Anderen stellen und nicht den Sekten und religiösen Bewegungen das Monopol der brüderlichen Aktion überlassen. Dies würde voraussetzen, dass man von ihren Anhängern beispielhaftes Handeln erwartet und dass diese sich an brüderlichen Dienstleistungen beteiligen – entweder müssten die Parteien selber so etwas organisieren oder sie müssten ihre Mitglieder dazu anhalten, sich an solchen Aktionen innerhalb von gemeinnützigen Organisationen zu beteiligen.

Frankreich könnte, indem es auf diese Weise durch beispielgebendes Verhalten predigen würde, wieder die Rolle eines Modells übernehmen, eine Mission in der Geschichte, die kaum ein anderes Land an seiner Stelle ausfüllen könnte.

Ohne Gegenleistung

Anderswo und darüber hinaus sollte man sich aus persönlicher Moral und aus Liebe zur Brüderlichkeit heraus engagieren; den Begriff der Brüderlichkeit konkret werden lassen, die Erfahrung machen, dass der Andere unbedingt erforderlich ist, und zwar ohne auf eine globale politische Aktion zu warten, ohne darauf zu hoffen, dass ein bestimmtes Land den Weg eröffnet. Ohne so lange abzuwarten, bis das Erforderliche möglich wird. Selber die Brüderlichkeit praktizieren, ohne damit zu rechnen, dass man etwas erhält, ohne über Gegenseitigkeit zu sprechen. Anders gesagt: *geben ohne Hoffnung auf Gegenleistung*. Freude finden am Freudeschenken. Interesse am Anderen finden. Einem Unbekannten auf der Straße zulächeln. Helfen, ohne sich ein Danke zu erwarten. Kinder zum Lachen bringen, ihnen Geschichten erzählen. Die Freunde seiner Freunde empfangen. Sich den Schwachen gegenüber verhalten, als sei man ihr großer Bruder oder ihre große Schwester. Neugierig auf den Fremden und das Fremde sein. Den Wunsch des Anderen nach Alleinsein respektieren. Sich auf seine Undankbarkeit einstellen. Wissen, dass es keinen schlimmeren Feind gibt als den, der einem verpflichtet ist und der sich eifrig darum bemüht, sich mit dem zu zerstreiten, der ihm geholfen hat, um sich selber zu beweisen, dass der Andere ihm in nichts eine Hilfe gewesen ist. Ganz einfach davon ausgehen, dass es ein Privileg ist, sich in einer Situation zu befinden, in der man sich nützlich machen kann.

Es gibt keine Brüderlichkeit ohne ruhige Klarsicht, ohne Seelenkraft. Anfänglich führt dies vom Weg der Anderen ab. Das ist etwas ganz Normales: Jeder Träumer steht abseits. Bis er die Anderen dazu bringt, ebenfalls zu träumen.

Es liegt an Ihnen

Jetzt liegt es an Ihnen.

Es liegt an Ihnen zu beweisen, dass Sie das Lächeln des Anderen erwidern können und sich nicht mit dieser traurigen Welt abfinden, dass Glücklichsein nicht lediglich bedeutet, sich darüber zu freuen, den Missgeschicken des Anderen entkommen zu sein.

Es liegt an Ihnen zu erkennen, dass Vollkommenheit kaum schwerer zu erreichen ist als Mittelmäßigkeit.

Es liegt an Ihnen zu fühlen, dass es gewiss irgendwo eine Person gibt, deren Ziel im Leben es ist, Sie glücklich zu machen. Suchen sie nicht: sie wird Sie finden.

Es liegt an Ihnen zu lernen, jedes menschliche Wesen zu behandeln, als ob es der Gott sei, von dem Ihr Heil abhängt.

Es liegt an Ihnen zu verstehen, dass Brüderlichkeit weder ein naiver Traum ist noch etwas, wovon nur Sektierer reden, sondern der einzige realistische Weg zum Überleben der Gattung Mensch, der Sie angehören.

Imaginieren Sie, träumen Sie, nehmen Sie Risiken auf sich. Verwandeln Sie die Brüderlichkeit in Praxis. Ohne sie von Anderen zu erwarten.

Geben Sie sich wenigstens einmal pro Tag die Gelegenheit, ein Lächeln hervorzurufen, zu empfangen, anonym großzügig zu sein, ohne Spekulieren auf Gegenleistung.

Und sei es nur, um sich zu überzeugen, dass in Ihnen noch ein Fünkchen Menschlichkeit wohnt.

Nachwort
von Gerald Häfner

Die Renaissance der Brüderlichkeit

Brüderlichkeit – Fraternité, Jacques Attali verwendet als Titel seines Buches sogar den Plural *Fraternités* – ist ein irgendwie altertümlich, seltsam unzeitgemäß klingendes Wort. Und doch, so scheint mir, braucht die Welt heute kaum etwas dringender als gerade Brüderlichkeit.

Während ich dieses Vorwort schreibe, stöhnt ganz Europa unter einer beispiellosen Hitzewelle. Vor dem Haus, an der Straße, auf den Feldern, selbst im Wald: staubtrockene oder harte, von der Hitze gebackene Erde. Überall ausgezehrte, halb vertrocknete Pflanzen. Ohne Wasser müssen sie eingehen. Nie zuvor haben wir in unserer nächsten Umgebung ähnlich drastisch erlebt, wie dringend alles Leben des Wassers bedarf.

Für Mitteleuropäer ist das eine ganz neue Erfahrung. Denn traditionell haben wir – mehr als andere Kontinente – ein ausgeglichenes Klima. Der Wechsel der Jahreszeiten beschert uns von allem genug und von nichts zu viel. In glücklicher Weise helfen unsere geografischen und klimatischen Besonderheiten, Extreme abzumildern und Gegensätze auszugleichen.

Doch in den letzten Jahren verändert sich, beängstigend schnell und für jeden wahrnehmbar, auch hier das Klima. Witterungsextreme nehmen zu. Im einen Jahr ängstigt uns übermäßiger, allzu langer und heftiger Regen. Die zu großen Wassermengen überfluten die Felder, reißen Brücken und Häuser weg, fließen durch Bahnhofshallen und Museen und verwandeln ganze Städte in Seen. Im nächsten Jahr dann plagt uns eine nicht enden wollende, enorme Hitze, die zu schweren Ernteeinbußen führt und, im Einzelfall, sogar Pflanzen, Tiere und Menschen tötet.

Brüderlichkeit ist so notwendig für die Welt wie für die Pflanzen das Wasser. Die Welt dürstet nach ihr. Doch sie kommt nicht mehr von selbst. Früher, als die Menschheit noch in kleinsten Gemeinschaften lebte, waren elementare Formen der Brüderlichkeit lebensnotwendig und selbstverständlich. In der Familie etwa stand jeder für den Anderen ein. Man überlebte nur gemeinsam oder gar nicht. Das Leben innerhalb der eigenen Gemeinschaft war über alle Zeiten sehr weitgehend von gegenseitigem Beistand, jederzeitiger Unterstützung und von der natürlichen Bereitschaft, zu teilen, geprägt. Allerdings bezog solche Anteilnahme nicht unterschiedslos alle mit ein. Menschen, die nicht der eigenen Familie, dem eigenen Stamm, der eigenen Religion oder dem eigenen Volk angehörten, hatten nicht nur kein Anrecht auf Mitgefühl und Hilfe, sie wurden oftmals gar nicht mehr als Freunde und Gefährten erlebt, sondern als Fremde, als Feinde, denen nicht gebührte, was den eigenen Angehörigen zustand, und die man nicht selten gewaltsam bekämpfte, verfolgte, ja tötete.

Wem ich mich nahe, mit wem ich mich verbunden weiß,

dem gehört auch mein Mitgefühl. Nur was bzw. wer mir fremd ist, dem gegenüber kann auch ich fremd, teilnahms- und verständnislos bleiben.

Heute führt eine nur auf einen engen Kreis eingeschränkte Brüderlichkeit unweigerlich in den Untergang der Menschheit. Denn unverändert gilt, was oben für frühere, überschaubare Gemeinschaften gesagt wurde: Wir können glücklich, sicher und in Frieden leben nur gemeinsam oder gar nicht. Doch dieses «gemeinsam» bezieht heute die ganze Weltgesellschaft mit ein. Alle Menschen sind meine Brüder. Ich bin mit allen verbunden, ganz real. Schon beim Frühstück: Wenn ich eine Banane esse, trete ich in eine Verbindung zu all den verschiedenen Menschen, die z.B. in Mittelamerika oder Afrika diese Banane angebaut, sie geerntet, getragen, verpackt, dann geladen und gefahren haben, die sie an Bord eines Schiffes gebracht haben, das Schiff über den Ozean gesteuert, die Bananen wieder ausgeladen, sie umgepackt, in den Laster verladen, zum Geschäft gefahren, dort ins Regal geräumt und die sie mir schließlich verkauft haben. Mit all diesen Menschen bin ich verbunden. Sie haben etwas für mich getan. Wenn ich dies weiterdenke, so bin ich über die verschiedenen Verrichtungen eines Tages hinweg mit potenziell unendlich vielen Menschen ohne jede Grenze über die ganze Erde hinweg verbunden. Und dies gilt nicht nur für physische Hervorbringungen und Tätigkeiten, es gilt z.B. auch für die Welt der Gedanken. Wenn ich tiefer in diese Betrachtung eindringe, dann stelle ich darüber hinaus fest, dass ich nicht nur mit den Menschen, sondern auch mit Tieren und Pflanzen, weiter, dass ich nicht nur mit den jetzt lebenden Menschen, sondern auch mit den verstorbenen und mit den noch ungeborenen, zukünftig lebenden Menschen verbunden bin und, über diese hinaus, mit allen geistigen Wesen, die uns begleiten und impulsieren und die das Leben und die Formen der Dinge mit bestimmen.

Eine heutige, zeitgemäße Brüderlichkeit braucht ein weites Herz. Sie darf nicht an den Grenzen des eigenen Landes, der eigenen Religion oder Hautfarbe Halt machen. Nicht einmal an denen der eigenen Sympathie oder des Vorstellungsvermögens. Sie muss vielmehr eben dieses Vorstellungsvermögen beständig erweitern, um den Kreis aktiv empfundener Brüderlichkeit größer und größer ziehen, mehr und mehr unserer tatsächlichen, unbegrenzten Verbundenheit annähern zu können.

Solche Übungen zur Erweiterung des Vorstellungsvermögens und, mit ihm, des Interesses und der Anteilnahme, sind schon der erste praktische Schritt zur Förderung wahrhafter Brüderlichkeit in einer noch immer von Engherzigkeit und Missgunst geprägten Welt.

Nicht nur durch die Größe der Menschheit und ihre weltweite Vernetzung ist die Brüderlichkeit notwendiger und zur gleichen Zeit schwieriger geworden. Vielmehr müssen wir in einer Zeit, in der die Förderung tätiger Brüderlichkeit weltweit ganz oben auf der Agenda stehen sollte, beobachten, wie gerade das Gegenteil der Fall ist. Von den drei großen Idealen menschlichen Gemeinschaftslebens, deren Erkenntnis und Formulierung wir der Zeit der großen Revolution von 1789 im Heimatland Jacques Attalis verdanken, ist die Brüderlichkeit sicherlich das mit den derzeit schwächsten Bataillonen.

Freiheit, Gleichheit, Brüderlichkeit sind die drei großen Leitsterne jeder gesunden Entwicklung des sozialen Ganzen.

Doch wenn wir diese drei vergleichen, so stellen wir fest, dass sie sich bis heute in sehr unterschiedlichem Maße durchgesetzt haben.

Der Kampf um die Freiheit und der um die Gleichheit haben die Köpfe und Herzen der Menschen, haben die wissenschaftliche und politische Diskussion und schließlich auch die sozialen und politischen Systeme seit 1789 in hohem Maße bestimmt. Oftmals wurden sie nicht mit-, sondern gegeneinander ins Feld geführt. Der Kapitalismus, der, ausgehend von Smith und Ricardo, die westlichen Systeme früh und bis heute zutiefst bestimmt hat, baut auf einer Hypostasierung des Freiheitsideals bei gleichzeitiger Minimalisierung des Gleichheits- und Brüderlichkeitsideals auf. Er will vor allem die Freiheit des Einzelnen sichern, entbinden und damit zum Motor ökonomischer und gesellschaftlicher Entwicklungen machen. Ob die so entstehenden Verhältnisse gerecht oder ungerecht sind, interessiert ihn nur wenig. Der von Marx und Engels ausgehende Sozialismus dagegen stellte ganz das Gleichheitsideal in den Mittelpunkt – trat dabei aber schon in seiner Theorie, erst recht aber in seiner überall mehr oder weniger totalitären Praxis die Freiheit des Menschen mit Füßen.

In seinem Hintergrund – nicht in seiner Realität – war der Sozialismus als Kommunismus auch von einem spürbaren, wenn auch eher naiven und oberflächlichen Brüderlichkeitsimpuls geprägt. Die glückliche Überwindung der Spaltung der Welt in einen kapitalistischen und einen kommunistischen Macht- und Systembereich führte allerdings nicht zu einer Überwindung der oben dargestellten Einseitigkeiten, des falschen und schädlichen Gegensatzes zwischen der

Überbetonung eines je vereinseitigten Freiheits-, Gleichheits- und Brüderlichkeitsimpulses. Vielmehr wurde mit dem Untergang des Sozialismus in fast allen Ländern der Welt der Kapitalismus in rauschhafter Verzückung seiner wichtigsten Protagonisten zum Sieger ausgerufen und zeigt sich seither auf seinem unterentwickelten sozialen Auge noch weit blinder als zuvor.

Einige wenige Zahlen und Größenangaben mögen ein kurzes Schlaglicht auf den Zustand unserer Welt werfen. In einer brüderlichen Welt kann es dem, der in großer materieller Sicherheit lebt, nicht egal sein, wenn ein Anderer an Hunger, an Mangel an sauberem Wasser oder ausreichender ärztlicher Versorgung leidet oder gar stirbt. In den zurückliegenden Jahrzehnten aber wurde die erschreckende Kluft zwischen Arm und Reich nicht kleiner, sondern beständig größer. Lag schon im Jahre 1970 das Durchschnittseinkommen in den fünfzehn reichsten Ländern der Erde gegenüber dem in den fünfzehn ärmsten Ländern beim Vierzigfachen, so hatte sich schon im Jahre 1995 diese ohnehin erschreckende Diskrepanz noch einmal um mehr als das Dreifache vergrößert. Ganz ähnlich stellt sich die Entwicklung dar, wenn wir uns anstelle der Relationen zwischen den Ländern nun die individuellen Einkommens- und Vermögensverhältnissen innerhalb der Länder anschauen. Auch hier klafft die Schere immer weiter auseinander. Es wirkt, als gingen plötzlich alle Maßstäbe verloren. Galt in den ersten Jahren der Bundesrepublik beispielsweise noch das ungeschriebene, auch damals nicht immer von allen eingehaltene Gesetz, dass der Chef nicht mehr als das Zwanzigfache seiner Angestellten verdienen sollte, so sind heute in allen großen Unternehmen

Differenzen um das 100- bis 1000-fache gang und gäbe. Und in den USA beispielsweise verfügt ein einziger Mann, Bill Gates, über mehr Vermögen als die 26 Millionen ärmsten Bürger dieses Landes zusammen. Noch gespenstischer, noch barer jeder menschlich akzeptablen Relation: Die drei reichsten Milliardäre unserer Welt verfügen zusammen über mehr Geld, als das Bruttosozialprodukt (nicht etwa das Einkommen oder Vermögen, das wäre noch weniger; sondern das gesamte Bruttosozialprodukt!) der 40 ärmsten Länder der Welt mit zusammen 600 Millionen Einwohnern beträgt.

Dies beschreibt die Verhältnisse in unserer Welt. Verhältnisse, für die niemand anderes als wir selbst, alle zusammen, verantwortlich sind. Statt aber überall konsequent Brüderlichkeit zu üben, pflegen wir den Egoismus. Wer sich gegen andere durchzusetzen weiß, wird belohnt, weit mehr als der, der Anderen hilft und für diese sorgt. Brüderlichkeit ist nicht in Mode. Noch nicht. So lässt sich heute in auf Geschäft und Gewinn ausgerichteten Berufen ungleich viel mehr verdienen als in den ebenso anstrengenden wie notorisch unterbezahlten Berufsfeldern der Pflege, der Fürsorge oder der Erziehung.

Und auch dies scheint mir symptomatisch: In praktisch allen reichen, wirtschaftlich starken Ländern selbst sind derzeit trotz weiterhin steigender Einkommen (jedenfalls für die, die über sichere Einkommen verfügen) die bestehenden Formen gegenseitiger Unterstützung und Hilfe ins Gerede gekommen. Kranken- und Sozialversicherung, Pflege und Rente, Arbeitslosen- und Sozialhilfe gelten als zu teuer, als nicht mehr finanzierbar und werden Schritt für Schritt abgebaut. Gemeinden müssen öffentliche Schwimmbäder und Bibliotheken schließen, Wasser und andere ehemals kommunale

Dienstleistungen werden privatisiert. Auch die Folgen dieses sozialen Rückbaues sind hier und da schon unübersehbar. So kehrt erst versteckte, immer mehr aber auch schon sichtbare Armut in unsere Städte und Dörfer zurück. Zur gleichen Zeit wachsen die privaten Vermögen und die Spitzengehälter in der Wirtschaft in irreale, Schwindel erregende Höhen, wissen immer mehr Menschen nicht mehr, wo und wie sie ihr vieles Geld überhaupt ausgeben können.

Diese Entwicklung hat viele Gründe. Hier seien nur zwei Aspekte genannt: In einer erst allmählich mündig werdenden Menschheit ist die Überbetonung des Freiheitsideales nur allzu verständlich. Das Ausbrechen aus überkommenen Normen und Regeln, das unbedingte Sich-Stellen auf die Kraft der eigenen Erkenntnis, des eigenen Denkens und Wollens, der eigenen Persönlichkeit sind unabweisbare Forderungen unserer Zeit. Diese sprengen zunächst einmal gewordene, als traditionell und nicht mehr zeitgemäß empfundene Zusammenhänge. Die moderne, tragfähige, tätige Brüderlichkeit kann daher gar nicht aus Traditionsbeständen entlehnt werden. Ebenso wenig kann sie einer fremden, von außen aufoktroyierten Moral entstammen. Zeitgemäße Brüderlichkeit, die sich auch in den heutigen, gewandelten Verhältnissen als fruchtbar erweist, ist der Freiheit nicht vorgängig. Sie ist auch kein Gegensatz zur Sehnsucht nach Freiheit. Vielmehr ist sie erst eine Folge der Freiheit, der realen Erfahrung menschlicher Freiheit.

So sind auch überkommene Formen sozialen Ausgleiches oder auch der sozialen Fürsorge nicht mehr durchgängig trag- und lebensfähig. Was früher von der unmittelbaren, überschaubaren Gemeinschaft, etwa der (Groß-)Familie, geleistet wurde, ist irgendwann auf den Staat und den Gesetzgeber übergegangen. Was einmal ein Fortschritt war, muss das nicht bleiben. Längst erweist sich die gigantische staatlich aufgebaute oder alimentierte Sozialbürokratie als in vielen Fällen zu abstrakt, zu anonym, zu unbeweglich und zu wenig leistungsfähig. So sind Reformen in diesem Bereich mehr als überfällig. Was wir aber aus Mangel an neuen Ideen und Konzepten beobachten, ist zum einen eine in weiten Teilen noch stetig zunehmende Bürokratisierung und Formalisierung, zum anderen ein Rückbau und Verlust der Leistungsfähigkeit und wieder in anderen eine Privatisierung der Risiken und eine Kommerzialisierung der Tätigkeiten, die gerade keine neue Qualität der Brüderlichkeit erbringt.

Moderne, zeitgemäße Formen, Brüderlichkeit nicht nur individuell, im unmittelbaren persönlichen Lebensumkreis zu realisieren, sondern im großen, gesellschaftlichen und menschheitlichen Maßstab, müssen nicht kürzer greifen, sondern weiter gehen. Sie dürfen sich nicht auf den Bereich des sozialen Transfers, individueller Vorsorge und staatlicher Leistung beschränken. Vielmehr müssen sie insbesondere das Wirtschaftsleben selbst mit einbeziehen. Das Wirtschaftsleben nämlich ist der eigentliche Hort wahrer Brüderlichkeit, nicht die Kleingruppe und nicht der Staat. Wirtschaftliches Handeln ist per se brüderlich. Wer arbeitet tut dies für Andere. Ständig setzen wir unsere Fähigkeiten zum Wohle und zur Deckung der Bedürfnisse Anderer ein. Unablässig bringen wir Leistungen und Waren hervor, die andere Menschen benötigen. Dieser brüderlichen Tatsache, die jedem Wirtschaften einbeschrieben ist, stehen die heutigen (falschen) Begriffe und Rechtsverhältnisse entgegen, die uns suggerieren, wir arbeiteten nur für uns selbst, die uns die Anderen als Konkurrenten statt als Freunde und Mitarbeiter erscheinen lassen und die dazu führen, dass der durch all diese wirtschaftlichen Handlungen erzielte Reichtum sich nur höchst einseitig und nicht etwa möglichst gleichmäßig, zum Wohle aller, niederschlägt.

Dies beschreibt die wichtigste Aufgabe echter Brüderlichkeitsförderung: Die Entwicklung einer Wirtschaftsweise und einer (Welt-)Wirtschaftsordnung, die dem brüderlichen Grundcharakter allen Wirtschaftens gerecht wird, die sich zum Ziel setzt, den Menschen zu dienen und nicht nur an ihnen zu verdienen, und die sicherstellt, dass alle Menschen von den weltweit erbrachten Leistungen und Erträgnissen in angemessener Weise profitieren.

Solche (wie jede) Brüderlichkeit fängt im Kopf an. Erst eine Revolution unseres Bewusstseins, unseres Denkens über die Welt kann die notwendige Evolution der Brüderlichkeit vorbereiten. Wir alle tragen, bewusst oder unbewusst, noch das Konzept des «survival of the fittest» in uns, das als verbreiteter, kaum hinterfragter Leitsatz im sozialen Leben eine geradezu suggestive Magie entfaltet. Wir sind unmündige Kinder der kapitalistischen Verheißung, wonach Konkurrenz förderlich, Brüderlichkeit aber hinderlich ist. Wir sind aufgewachsen und groß geworden in Denkformen, die den Egoismus stimulieren, den Altruismus dagegen diskriminieren. Aus diesem Amalgam ist das Wirtschaftssystem geronnen, das zuerst nur unsere, die westliche Welt, seit dem voraussehbaren Zusammenbruch des totalitären, staatsmonopolistischen Sozialismus aber die ganze Welt umspannt und antreibt. Der Bauplan, nach dem jeder einzelne Raum, jede Nische dieses weltumspannenden Gebäudes konstruiert ist, folgt der simplen, in dieser Form von Adam Smith am deutlichsten formulierten Regel, wonach der Wohlstand einer Nation (oder einer Gemeinschaft) umso größer sei, je mehr jeder Einzelne nur seinen Eigennutz verfolge.

Die Welt zeigt uns deutlich, wohin wir damit kommen. Der Spruch ist schlicht falsch. Er formuliert eine entsetzliche Einseitigkeit. Was er bewirkt hat – die Kreativität und Initiative des Einzelnen in höchstmöglichem Maße freizusetzen – ist ein unverzichtbares Element jeder ökonomischen und sozialen Entwicklung. Doch eben nicht das einzige. Die Gesellschaft, die Gemeinschaft geht zugrunde bei solcher Einseitigkeit. In ihr wird es kälter und kälter. Ein solches auf unbegrenzten Egoismus gebautes System verursacht zahlreiche Opfer. Als Erstes bleibt die Natur auf der Strecke, die, wenn jeder nur seinen Eigennutzen vor Augen hat, schonungslos ausgebeutet, verschmutzt und zerstört wird. Dabei aber bleibt es nicht. Denn als Nächstes zahlen immer mehr Menschen den Preis dieser angeblich goldenen Regel zu Wohlstand und Reichtum, zunächst nur in den armen, mehr und mehr aber auch in den reichen Ländern unserer Erde. Am Ende erodiert das gesamte Gemeinwesen.

Das Leben dagegen lehrt uns das Gegenteil. Wer mit offenen Augen und unverstelltem Wirklichkeitssinn in die Welt schaut, erfährt, angefangen von den kleinsten Gemeinschaftsformen, etwa einer «Beziehung» oder einer Partnerschaft über größere Gruppen und Gemeinschaften bis hin zu Kommunen, Ländern, Staaten und zur Menschheit als Ganzer: «Das Heil einer Gemeinschaft von zusammenarbeitenden Menschen ist um so größer, je weniger der Einzelne die Erträgnisse seiner Leistungen für sich beansprucht, das heißt, je mehr er von diesen Erträgnissen an seine Mitarbeiter abgibt, und je mehr seine eigenen Bedürfnisse nicht aus seinen Leistungen, sondern aus den Leistungen der Anderen befriedigt werden.» Erkannt und formuliert hat diese fundamentale Einsicht erstmals Rudolf Steiner im Jahre 1905 in einem Aufsatz über «Geisteswissenschaft und soziale Frage». Und er beließ es nicht dabei. Er sah in dieser Erkenntnis ein Gesetz, das im Sozialen mit gleicher Bestimmtheit wirkt wie etwa ein Naturgesetz in der unbelebten Natur. Allerdings wirke es nicht von selbst, unabhängig von den Gesetzen und Einrichtungen der Menschen. Vielmehr gelte es, erst entsprechende Einrichtungen zu schaffen, damit sich, was in diesem Gesetz ausgesprochen ist, entfalten kann. Demnach gelte es, so Steiner, umgehend die heutigen Wirtschafts- und Rechtsordnungen, Institutionen, Denk- und Handlungsweisen so zu ändern, dass dieses «Soziale Hauptgesetz» zum Tragen kommen könne. Die «Dreigliederung des sozialen Organismus», für die er nach Formulierung dieses Gesetzes und weiterer Einsichten in die Wesenheit des sozialen Ganzen insbesondere in der Umbruchzeit nach dem Ende des Ersten Weltkrieges und dem Untergang des Kaiserreiches zu wirken begann, ist heute noch genauso aktuell, ist Vermächtnis und bleibender Auftrag. Sie ist auch Hintergrund etlicher außerordentlich fruchtbarer kultureller, sozialer, ökonomischer und politischer Initiativen aus dem Geiste der Anthroposophie – von den Freien Waldorfschulen als Vorstufe zur Befreiung des Schulwesens vom Staate bis hin zur biologisch-dynamischen Landwirtschaft als Keimzelle eines erneuerten, brüderlichen Umgangs mit der Natur.

Die Menschen sind heute weit brüderlicher als die Verhältnisse. Auf dieser Tatsache können wir aufbauen. Selbst für das weltweite Wirtschaftsgeschehen, oft mit dem Beiwort «Globalisierung» charakterisiert, gilt, dass darin im Grunde eine höchst brüderliche Wirklichkeit zum Tragen kommt. Menschen arbeiten weltweit füreinander. Kein Produkt der heutigen arbeitsteiligen Weltwirtschaft ist mehr ohne die Anderen, ohne den Beitrag potenziell unendlich vieler Menschen auf diesem Globus denkbar. So ergänzen die Menschen einander in ihren Fähigkeiten, tauschen sich aus und schaffen damit gemeinsam enorme Werte. Erst die Wirtschafts- und Rechtsordnung, innerhalb derer das geschieht, führt dazu, dass diese brüderliche Tatsache nicht angemessen zur Erscheinung kommt, baut sie doch gänzlich auf der Konkurrenz, der Stimulierung des Egoismus, dem Kampf aller gegen alle auf. So entsteht im Ergebnis immer größerer Reichtum bei wenigen und bleibende, oft auch wachsende Armut bei vielen. Der Skandal wächst.

Doch mit ihm wächst das Rettende auch. Mit der Globalisierung ist die Brüderlichkeit auf einer bestimmten Ebene weltweit Realität geworden. Nun müssen wir auch die Rechtsordnungen, die Wirtschaftsordnung und die Politik so organisieren, dass diese nicht auf Egoismus, sondern auf Brüderlichkeit gegründet und ausgerichtet sind.

Schon macht sich weltweit unübersehbar eine neue Brüderlichkeitsbewegung breit. Viele der Initiativen und Nicht-Regierungsorganisationen (NGOs) – bis hin zu politischen Parteien –, die etwa seit den siebziger Jahren des vergangenen Jahrhunderts entstanden sind, speisen sich, bewusst oder unbewusst, aus brüderlichen Motiven. Für die Ökologiebewegung kann das meines Erachtens mit aller Deutlichkeit gesagt werden. Viel zu selten wird gewürdigt, welch epochaler Bewusstseins- und Mentalitätswandel darin zum Ausdruck kommt, wenn mehr und mehr Menschen nicht mehr nur an ihre eigenen kurzfristigen Interessen und die der mit ihnen und um sie lebenden Menschen denken, sondern an die Interessen aller Menschen, aller Wesen, alles Lebens auf dieser Erde – ja sogar nicht nur an die jetzt Lebenden, sondern z.B. auch an die Lebensmöglichkeiten zukünftiger Generationen. Auch die Friedensbewegung oder andere soziale Bewegungen wie die zum Schutze des Asylrechtes und von Asylbewerbern oder z.B. SOS-Racisme sind Ausdruck dieses neuen Brüderlichkeitsbewusstseins, das immer weniger an zeitlichen, räumlichen, politischen oder religiösen Grenzen Halt macht. Die Menschen erleben: Wir sind über alle Zeiten und Kontinente hinweg voneinander abhängig, sind beständig miteinander und mit allen Wesen, die mit uns diese Erde bevölkern, verbunden. Wir existieren nur in Gegenseitigkeit. Jeder von uns ist verpflichtet und imstande, sich und seine Handlungen im Zusammenhang dieses Ganzen zu sehen und entsprechende Mitverantwortung wahrzunehmen. Zur Erhaltung und erst recht zu einer positiven Entwicklung dieses Zusammenhanges müssen wir eine andere als die früher uns abverlangte, lediglich auf eine bestimmte Gruppe, Rasse, Nation etc. bezogene Solidarität erlernen, eine alle Grenzen sprengende globalisierte Solidarität, die auch die nicht mehr oder noch nicht physisch durch uns wahrnehmbaren Wesen und Welten umschließt.

Dieses Motiv befeuert gegenwärtig unzählige – vor allem junge – Menschen auf der ganzen Erde. Sie betrachten die fragmentierte, gespaltene, in Kriegen und in massiver ökonomischer Ungleichheit verfangene Welt nicht als naturgegeben und schon gar nicht als Endzustand. Die sorgende Anteilnahme am Anderen, lange Zeit vernachlässigt, meldet sich zurück. Ein gut Teil der heute weltweit tätigen, immer breiter und aktiver werdenden globalisierungskritischen Bewegung wurzelt im Humus solcher Empfindungen – Empfindungen, die so kraftvoll werden können, dass sie die Menschen zu ständigem, mutigem Engagement befeuern. Der Fortschritt der Welt ist mehr denn je davon abhängig, dass die Reichweite unseres Denkens und Empfindens immer tiefer und umfassender wird.

Mit dem Wetter habe ich begonnen, mit dem Wetter will ich schließen. Alles ist nötig, ja unerlässlich: Sonne, Regen, Wind ... Doch nicht das Wasser, nicht der Wind und nicht die Sonne allein lassen uns leben. Sie alle müssen zusammenwirken. Und: Es darf von nichts zu wenig, von nichts zu viel sein. Es ist die Harmonie, der Zusammenklang zwischen all diesen Kräften, der uns gut leben lässt. Dieses Gleichgewicht aber droht – aus Gründen, die in der Verantwortung der Menschen liegen – verloren zu gehen.

So ist es mit Freiheit, Gleichheit und Brüderlichkeit. Wie dumm, wie gefährlich, eines gegen das andere ausspielen zu wollen. Wir lieben die Sonne der Freiheit – und wir brauchen sie. Ohne sie kein Leben. Ihr verdanken wir den unvergleichlichen Reichtum und die Vielfalt an Leben um uns herum. Aber ohne den Regen der Brüderlichkeit kann keines dieser Lebewesen bestehen. Erst wenn das Wasser der Brüderlichkeit sie durchdringt und verbindet, sie in allen Poren durchfließt und nährt, leben die Wesen, die Pflanzen, Tiere und Menschen und erfreuen sich des Lichtes. Europa, das immer so ausgeglichene, gesunde, wasserreiche, ist trockener geworden und heißer. An uns ist es, die Harmonie in der Schöpfung zu bewahren und wiederherzustellen.

Ich wünsche diesem Buch, dass es dazu beiträgt, das Bewusstsein um ihre Bedeutung und damit die Brüderlichkeit selbst wachsen zu lassen.

August 2003 *Gerald Häfner*

Gerald Häfner ist Mitbegründer der «Grünen». Er war 10 Jahre Mitglied des Deutschen Bundestages und Sprecher seiner Fraktion. Er ist freiberuflicher Publizist, Mitglied des Vorstandes der Anthroposophischen Gesellschaft in Deutschland und Vorstandssprecher von «Mehr Demokratie».

Anmerkungen

1 Alle den Kapiteln vorangestellten Zitate stammen aus diesem Werk von Alfred de Musset, dessen Originaltitel *La Confession d'un enfant du siècle* lautet. In der vorliegenden Ausgabe wurde mit geringfügigen Änderungen nach der Übersetzung von Evelinde Passet, Manesse Bibliothek, Zürich 1999 zitiert.

2 Das französische Wort «nomade» kann sowohl «vagabundierend» als auch «nomadisch» oder «Nomade» bedeuten. Man spricht im Deutschen von «vagabundierendem Kapital» («capital nomade») und manchmal auch von «vagabundierendem Denken». In anderen Texten ist aber auch von «nomadischem Denken» und von einem neuen «Nomadentum» die Rede. Das Wort wird im Buch je nach Kontext entweder mit «Nomade» bzw. «nomadisch» oder mit «vagabundierend» übersetzt.

3 Das französische Wort «tribu» kann im Deutschen sowohl «Clan» als auch «Sippe» oder «Stamm» bedeuten. Heute bezeichnet man im Französischen mit dem Wort «tribu» auch einfach bestimmte neue, häufig «vagabundierende» Gemeinschaften. Das Wort wird im Buch je nach Kontext entweder mit «Clan», «Gemeinschaft», «Sippe» oder «Stamm» übersetzt.

4 Im Französischen bedeutet «hôte» sowohl «Gast» als auch «Gastgeber».

5 Auf Französisch «gratuitement», das heißt gratis, unentgeltlich.

Bibliografie

ASIMOV, Isaac: *Foundation (Die Foundation-Trilogie)* Neuauflage. Bastei-Lübbe, Bergisch Gladbach 2000.

BACON, Francis: *Neu-Atlantis.* Hrsg. von Jürgen Klein, Übers. von G. Bugge. Reclam, Stuttgart 1986.

BALLARD, James Graham: *Hochhaus (High Rise).* Suhrkamp, Frankfurt/Main. Phantastische Bibliothek 288.

BOURDIEU, Pierre: «Le néolibéralisme, utopie (en voie de réalisation) d'une exploitation sans limites.» In: *Contre-feux. Liber-Raisons d'agir.* 1998. Vgl. «Der Neoliberalismus. Eine Utopie grenzenloser Ausbeutung wird Realität.» In: BOURDIEU, Pierre: *Gegenfeuer: Wortmeldungen im Dienste des Widerstands gegen die neoliberale Invasion.* Universitätsverlag Konstanz, Konstanz 1998.

BOYER, Frédéric: *Comme des frères.* Calman-Lévy, Paris 1998.

BRADBURY, Ray: *Die Mars-Chroniken. Roman in Erzählungen.* Aus dem Englischen von Thomas Schlück. Diogenes, Zürich 1981.

BURTON, Robert: *Die Anatomie der Schwermut. Über die Allgegenwart der Melancholie, ihrer Ursachen und Symptome sowie die Kunst, es mit ihr auszuhalten.* Übers. von Ulrich Horstmann. Eichborn, Frankfurt/Main 2003.

CABET, Etienne: *Reise nach Ikarien.* Übers. von Dr. Wendel-Hipper. Karin Kramer-Verlag, Berlin 1979.

CYRANO DE BERGERAC, Savinien de: *Oeuvres complètes.* Belin, Paris 1977. Ins Deutsche übersetzt: *Die Reise zu den Mondstaaten und Sonnenreichen.* Zwei klassische Science Fiction-Romane. Heyne, München 1986 (1913).

– *Die Reise zum Mond. Erzählung.* Übers. von Martha Schimper. Insel Bücherei, Frankfurt/Main 1991.

Dick, Philip K.: *Blade Runner.* Sonderausgabe: Heyne Allgemeine Reihe 13653. München 2002.

Eliade, Mircea: «Paradis et utopie. Géographie mythique et eschatologie.» In: *Eranos Jahrbuch XXXII*, pp.211-239, 1963.

– «The quest of the origins of religion.» In: *History of Religions. Geschichte der religiösen Ideen.* Herder, Freiburg 2002.

Egan, Greg: *CyberCity (Permutation City).* Übers. von Axel Merz und Jürgen Martin. Bastei Lübbe, Bergisch Gladbach 1995.

Fourier, Charles: *Œuvres complètes.* Slatkine, 1971. Ins Deutsche übersetzt: *Theorie der vier Bewegungen und der allgemeinen Bestimmungen.* Hrsg. von Theodor W. Adorno. Eingeleitet von Elisabeth Lenk. Suhrkamp, Frankfurt/Main 1966.

– *Aus der neuen Liebeswelt.* Verlag Klaus Wagenbach, Berlin 1978.

– *Autogestion et socialisme*, cahier 20-21, sept.-déc. 1972, consacré à Charles Fourier.

Furet, François und Ozouf, Mona: *Kritisches Wörterbuch der französischen Revolution.* Suhrkamp, Frankfurt/Main 1996.

Grotius, Hugo / Selden, John: *Mare Librum und Mare Claustrum.* Vorwort von F. Krüger, Sprengel. Biblio-Verlag, Bissendorf 1978.

Heinlein, Robert Anson: *Fremder in einer fremden Welt.* Lübbe, 4. Auflage, Bergisch Gladbach 2002. Bastei Lübbe Tb 24214.

Houdoy, Hubert: *Colloque consacré à l'utopie.* Université coopérative du Roannais, mai 1996.

Huxley, Aldous: *Schöne neue Welt.* Fischer Taschenbuch. 61. Auflage. Fischer, Frankfurt/Main 2003.

Kant, Immanuel: *Zum ewigen Frieden.* Reclam, Stuttgart 1986 (1795).

Lapouge, Gilles: *Utopie et civilisations.* Albin Michel. Coll. «Bibliothèque des idées». Paris 1991.

Mandeville, Bernard: *Die Bienenfabel.* Suhrkamp, Frankfurt/Main 2002.

MANNHEIM, Karl: *Ideologie und Utopie*. 8. Auflage. Klostermann, Frankfurt/Main 1995 (1929).

MARX, Karl und ENGELS, Friedrich: *Manifest der Kommunistischen Partei*. Nachwort von Iring Fetscher. Reclam, Stuttgart 1986.

– *Utopisme et communauté de l'avenir*. La Découverte, Paris 1976.

MONTESQUIEU, Charles-Louis Secondat de: «Geschichte der Trogloditen», in *Perserbriefe*. Übers. von Jürgen von Stackelberg. Insel, Frankfurt/Main 1997.

MORUS, Thomas: *Utopia*. Übers. von Gerhard Ritter. Nachwort von Eberhard Jäckel. Reclam, Stuttgart 1986.

MORELLY: *Code de la nature*. Editions Sociales, Paris 1953.

MORRIS, William: *Kunde von Nirgendwo oder Ein Zeitalter der Ruhe*. Aufbau Verlag, Berlin 1991.

MUMFORD, Lewis: *The Story of Utopia* (1922). Viking Press 1962.

ORWELL, Georges: *1984*. Übers. von Kurt Wagenseil. Ullstein, Berlin 1996.

OWEN, Robert: *The Book of the New Moral World*. 1836.

PLATON: *Der Staat*. Reclam, Stuttgart 1982.

POLANAYI, Karl: *The Great Transformation. Politische und ökonomische Ursprünge von Gesellschaften und Wirtschaftssystemen*. Übers. von Heinrich Jelinek. Suhrkamp, Frankfurt/Main 1978.

RAWLS, John: «Justice as Fairness», in: *Philosophical Review*, New York No. 67, April 1958.

– *Eine Theorie der Gerechtigkeit*. Übers. von Hermann Vetter. Suhrkamp, Frankfurt/Main 2002.

– *Politischer Liberalismus*. Übers. von W. Hinsch. Suhrkamp, Frankfurt/Main 1998.

RESTIF DE LA BRETONNE, Nicolas Edme: *La Découverte australe par un homme volant ou le Dédale français*. Adel 1977.

AUGUSTINUS Aurelius: *Vom Gottesstaat*. Übers. von Wilhelm Thimme. Vorwort und Kommentar von Carl Andersen. dtv . München 1985. Cf. insbesondere Buch XI-XXII.

SAINT-SIMON, Claude-Henri de: *Ausgewählte Schriften.* Übers. von Lola Zahn. Berlin 1977.

SERVIER, Jean: *L'Utopie.* PUF. Paris 1993

STEPHENSON, Neal: *Diamond Age – Die Grenzwelt.* W. Goldmann, München 2001.

– *Snow Crash.* W. Goldmann, München 1997.

SWIFT, Jonathan. Ins Deutsche übersetzt u.a.: *Gullivers Reisen.* Nachwort von André Jolles. Insel, Frankfurt/Main 1986.

– *Satiren und Streitschriften.* Manesse, Zürich 1993.

– *Ein Tonnenmärchen.* Übers. von Ulrich Horstmann. Reclam, Stuttgart 1994.

VERNE, Jules: *Paris im 20. Jahrhundert.* Übers. von Elisabeth Edl. Fischer, Frankfurt/Main 1998.

Weitere Quellen

La Grenouille. Internet-Website zum Thema Utopie.

Le Monde diplomatique, Mai 1998. Artikel von Jean-Pierre GROSS und Serge HALIMI.

Jacques Attali wurde 1943 in Algier geboren. Er ist Wirtschaftstheoretiker, Romancier und Essayist und war von 1981 bis 1990 enger Berater des französischen Staatspräsidenten François Mitterand. Attali war früher Wirtschaftsprofessor an der Ecole Polytechnique in Paris sowie 1991 bis 1993 Präsident der Europäischen Bank für Wiederaufbau und Entwicklung in London. Derzeit ist er Chairman von A & A, einer internationalen Consulting Firma mit Stammsitz in Paris und Präsident der von ihm gegründeten PlaNet Finance, einer internationalen Non-Profit-Organisation zur Unterstützung der Mikro-Ökonomie in Ländern der Dritten Welt.

Udo Herrmannstorfer

Schein-Marktwirtschaft

Arbeit, Boden, Kapital und die Globalisierung der Wirtschaft
229 Seiten, kartoniert

Udo Herrmannstorfer weist anhand konkreter Beispiele auf soziale Fehleinstellungen hin, die durch eine Umorientierung in Richtung einer assoziativen Wirtschaftsweise überwunden werden könnten. Dabei geht der Autor auch der zunehmenden Globalisierung der Wirtschaft sowie dem gegenwärtig brennenden Problem der Arbeitslosigkeit nach

«Das macht das Buch von Herrmannstorfer so spannend: Er entdeckt Scheinfreiheiten, die aber neue Möglichkeiten bieten: Der Boden kann, da er nicht erneuerbar ist, nur gebraucht, nicht dagegen verbraucht werden – und das hat Konsequenzen ... Herrmannstorfers Ideen könnten zündelnd wirken.» *DIE ZEIT*

Verlag Freies Geistesleben

Friedrich Glasl

Das Unternehmen der Zukunft

Moralische Intuition in der Gestaltung von Organisationen
116 Seiten, kartoniert

Friedrich Glasl beschreibt die Zukunft moderner Unternehmen als Herausforderung an die Bewusstseins- und Persönlichkeitsentwicklung. Jedes Unternehmen – sei es eine Schule, eine Klinik, ein Wirtschaftsbetrieb oder eine Behörde – wird in der Zukunft immer mehr vor die Frage gestellt, ob es sich gemeinsam mit seiner Umwelt (mit den Lieferanten und Kunden zum Beispiel) entwickeln kann. Unser unternehmerisches Bewusstsein muss sich von den persönlichen Interessen erweitern zu einer «Schicksalsgemeinschaft» assoziativ miteinander verbundener Unternehmen.
Dieser Entwicklungsansatz fordert das Individuum heraus, sich seiner moralischen Verantwortung bewusst zu werden und seine Intuitionsfähigkeit zu entfalten.

Verlag Freies Geistesleben